O princípio
do guru

Shenpen Hookham

O princípio do guru

Um guia para a relação professor-aluno no budismo

TRADUÇÃO
Paula Rozin

© 2021 de Shenpen Hookham

Todos os direitos desta edição são reservados.

© 2023 Editora Lúcida Letra

Publicado em acordo com Shambhala Publications, Inc.

Título original: The guru principle

A primeira parte do Capítulo 2 foi publicada como um artigo na revista Buddhist-Christian Studies 30 (2010), p. 121-32, e foi reimpressa aqui com os nossos agradecimentos à University of Hawai'i Press.

COORDENAÇÃO EDITORIAL: Vítor Barreto
REVISÃO: Joice Costa e Nádia Ferreira
PROJETO GRÁFICO (capa): Aline Paiva (adaptação do original da Shambhala Publications)
PROJETO GRÁFICO (miolo): Aline Paiva
CRÉDITOS DA IMAGEM DA CAPA: The Enlightened One, Lord of Shakya Clan Buddha Shakyamuni (Rubin Museum of Art)

1ª edição julho/2023

Dados Internacionais de Catalogação na Publicação (CIP)

H784p   Hookham, Shenpen.
        O princípio do guru : um guia para a relação professor-aluno no budismo / Shenpen Hookham ; tradução Paula Rozin – Teresópolis, RJ : Lúcida Letra, 2023.
        240 p. ; 21 cm.

        Inclui bibliografia.
        ISBN 978-65-86133-49-3

        1. Relação professor-aluno - Aspectos religiosos - Budismo. 2. Educação budista. 3. Vida espiritual - Budismo. 4. Budismo - China - Tibet - Doutrinas. I. Rozin, Paula. II. Título.
                                              CDU 294.3

Índice para catálogo sistemático:
1. Relação professor-aluno : Aspectos religiosos : Budismo   294.3
(Bibliotecária responsável: Sabrina Leal Araujo – CRB 8/10213)

Sumário

Introdução   9
    Ouvir para receber sabedoria   13
    Um esclarecimento sobre os termos   14
    Agradecimentos   20

1. Introduzindo o princípio do guru   21
    A necessidade de um guru humano   28
    O guru como uma pessoa   30
    Guru e lama   32
    Linhagem e *adhishtana*   33
    Chitta é coração ou mente?   36
    Conexão (*samaya* e *tendrel*)   37
    Transmissão   38
    Encontrando uma linhagem de transmissão genuína   39
    Por que os professores ocidentais tendem a não se chamar de gurus   41
    Relatos tradicionais das qualidades de um guru   43
    O significado de uma relação   47
    Papéis que um professor ou guru pode desempenhar   52
    Quem está qualificado para ser um professor budista?   56

2. Autoridade espiritual no budismo   61
    Autoridade espiritual: uma perspectiva budista   61
    Como escolher um professor espiritual: o *Kalama Sutta*   65

O processo de trabalhar com um professor genuíno:
o *Canki Sutta*   68
A importância do diálogo   72
A validação da nossa experiência   73
A rede de yoguins   74
Como pessoas não iluminadas podem proteger
uma linhagem de transmissão   76
Qual é o papel das escrituras no processo de validação?   78
A situação atual no mundo budista ocidental   80

3. Os papéis do professor   81
Papel 1: Dar um bom exemplo   81
Papel 2: Transmitir o *adhishtana* da linhagem   83
Papel 3: Aceitar oferendas   93
Papel 4: Dar instruções de introdução à natureza da mente   97
Papel 5: Autenticar a experiência e autorizar professores   106
Papel 6: Ensinar a doutrina do Dharma   120
Papel 7: Dar instruções de prática   125
Papel 8: Dar orientação espiritual pessoal   132
Papel 9: Conceder votos   141
Papel 10: Conduzir rituais   143
Papel 11: Construir a sangha   144
Papel 12: Atuar como mestre vajra e guru "desafiador"   148

4. Práticas relacionadas ao guru ou amigo espiritual   163
Os significados de *amigo espiritual*   163
Como praticar a recordação do Buddha (Buddhasmrti)   172
Guru Yoga no Vajrayana   174

5. Perguntas mais frequentes   179
Qual é o significado da história de Milarepa?   179
E quanto ao modelo tradicional dos Três Yanas?   180

Existem práticas características do Vajrayana?	185
O que é um guru-raiz?	185
O Dalai Lama não é como o papa do budismo?	187
Os gurus não deveriam ter poderes especiais?	188
Não devemos sempre obedecer ao guru?	194
O que significa quebra de *samaya*?	198
O comprometimento com um guru precisa ser exclusivo?	200
É errado criticar o professor?	202
O que significa dizer que alguém é *meu* guru?	203
A devoção tem que ser abertamente emocional?	206
Você pode comentar sobre as situações abusivas?	207
Os lamas deveriam ter feito um retiro de três anos?	214
Os tulkus não são os gurus mais qualificados do budismo tibetano?	215
Os monásticos não têm um status especial entre os professores budistas?	217
O que são os *ngagpas*? Eles são sempre professores?	219
O que significa sucessor, regente e detentor da linhagem?	219
O que significa ser um Rinpoche?	221
O que significa o título de Sua Santidade?	222
Podemos considerar todos os seres como nossos gurus?	222
É verdade que quando o aluno está pronto, o professor aparece?	223
Conselhos finais	224
Conversas com Lama Shenpen	227
Bibliografia	231
Sobre a autora	233

Introdução

Escrevi este livro principalmente para os praticantes budistas — ou aqueles que estão pensando em iniciar a prática budista — que buscam orientação sobre como encontrar um professor apropriado. O impulso subjacente de buscar ajuda no caminho budista corresponde a alguma disposição por parte do aluno de *ouvir para receber sabedoria*. Para os que estão buscando, *sabedoria* pode significar coisas diferentes: pode ser orientação espiritual, correção, inspiração, habilidades, boas qualidades, informações, insight e outros. *Receber,* nesse caso, transmite alguma intenção de permitir que aquilo que recebemos nos transforme rumo à realização da nossa verdadeira natureza, o coração desperto.

Este livro examina o papel do guru, e a relação professor-aluno no budismo, com base em mais de cinquenta anos de experiência na tradição budista em que venho trabalhando com meus professores e alunos no Oriente e no Ocidente. Tendo refletido sobre o assunto por décadas, concluí que a forma como os textos tradicionais apresentam a relação professor-aluno não reflete o que realmente ocorre na prática para a maioria das pessoas. Surgem muitas questões prementes, e a falta de clareza em torno delas já causa muita confusão nas sanghas que estão se estabelecendo no Ocidente. Por exemplo, o que devemos fazer (como costuma acontecer) se tivermos muito pouco acesso ao professor principal da comunidade de uma sangha? Como podemos nos relacionar com ele, e como tal pessoa consegue se encarregar de todos os papéis que os textos dizem que um professor deve desempenhar para nós?

Nas sociedades budistas tradicionais, como no Tibete, a cultura se encarrega de responder muitas dessas perguntas. Por exemplo, é deveras sabido que é raro encontrar uma pessoa predisposta e capaz de desempenhar todos os papéis necessários ao nosso caminho para o despertar, por isso aprendemos a mostrar o devido respeito e a receber instruções de todos os professores.

Se vamos construir uma tradição budista para nós aqui no Ocidente e transmitir uma compreensão genuína do Dharma para a próxima geração de praticantes, precisamos de muito mais clareza do que temos agora sobre o que queremos dizer com o termo *professor* nesse contexto. Tradicionalmente, o termo indiano *guru* é usado para professor, que em tibetano é traduzido como *lama*. Já no universo da língua inglesa (como também na língua portuguesa), os termos *professor*, *guru* e *lama* adquiriram conotações notavelmente diferentes. Isso levou a confusões em vários níveis.

Com que frequência os alunos que se envolvem nas sanghas ocidentais param para se perguntar o que significa *professor*, *guru* ou *lama*? Em geral, só aos poucos começamos a questionar o que esses termos significam na prática e, talvez ainda muito gradualmente, começamos a questionar o que a tradição como um todo entende por eles.

Lembro-me da minha empolgação há mais de cinquenta anos quando aprendi que no budismo havia professores ou guias espirituais que poderiam nos levar ao despertar (ao qual também denominamos de iluminação, budeidade, nirvana, realização completa e perfeita da verdadeira natureza da mente, o coração desperto e outros termos). Aceitei o desafio e me dediquei daquele dia em diante a seguir a orientação dos professores budistas. Achei que sabia o que estava fazendo, mas na verdade tive sorte. Eu era ingênua, porém os professores que escolhi seguir não me decepcionaram. Com seus encorajamentos, acabei me tornando uma professora budista e agora sou responsável por transferir a linhagem espiritual aos meus alunos. Isso é o que me motivou a escrever este livro sobre o que é um professor budista, como se relacionar com ele e, na verdade, como alguém pode se tornar um professor. Para tanto, me perguntei como exatamente me relacionei com meus professores ao longo de décadas e ainda me relaciono. O que realmente aconteceu?

Escolhi meus professores por instinto, no sentido de que encontrei certos professores que inspiraram mais confiança em mim do que outros. Não foi tanto pelo que diziam (embora isso importasse, é claro), mas, sim, por como eu me sentia na presença deles. Também os escolhi pela boa reputação que tinham entre seus colegas e porque eles se tornaram disponíveis para mim. Em outras palavras, pude ter um relacionamento genuíno, próximo e pessoal com eles. Por último, tentei da melhor maneira que pude seguir a orientação de um professor por determinado tempo, porque não queria me confundir no caso de receber instruções incompatíveis.

Agora que tenho meus próprios alunos, me pergunto o que faz com que eles escolham a mim ou a minha sangha para sua orientação espiritual. Suponho que eles passem por um processo semelhante ao meu. Algum tipo de instinto ou intuição diz a eles que sou confiável. Provavelmente, o que eu digo os toca ou inspira; talvez minha reputação dentro da comunidade budista os tranquilize. Eu me pergunto: que outros fatores interferem nisso, e em que medida a fantasia e a projeção desempenham seu papel? Por exemplo, que efeito tem o fato de eu ter o título de lama? Tenho colegas tão qualificados quanto eu, senão mais, que não usam esse título. Que tipo de diferença faria, para qualquer pessoa, se eu simplesmente fosse chamada de professora budista, sem nenhum outro título? Que diferença faria se eu fosse chamada de *guru*? Estremeço só de pensar! Em inglês, podemos escolher entre as palavras professor espiritual, professor budista, professor do Dharma, diretor do Dharma, guia espiritual, mentor, amigo espiritual, mestre e muitas outras. Acho que posso dizer com segurança que nenhuma dessas conotações se encaixa em toda a gama de significado da palavra *guru*, tal como é usada na tradição budista. Por exemplo, no contexto da "súplica ao guru", eu uso *guru* e *lama* alternadamente. Dito isso, traduzo *guru* para o inglês como "professor" (embora com uma conotação muito especial) por causa das conotações infelizes que guru passou a ter no Ocidente, e ainda hesito em chamar a mim mesma e a outros como eu de "guru".* Os tibetanos, por outro lado, se referem alegremente a mim como lama ou guru, apenas porque tenho alunos. Sinto-me bastante confortável com isso, embora na verdade *guru* soe mais pretensioso do que *professora* ou mesmo *lama*. Ser chamada de guru parece estranho, embora tecnicamente seja isso que eu sou. Obviamente, nos deparamos com um problema de linguagem desde o início.

O termo professor budista é menos problemático na maioria das situações, mas abrange uma gama de possibilidades; em um extremo, pode se referir a uma pessoa que está meramente passando informações sobre o Buddha histórico e seus ensinamentos e, no outro, refere-se a um buddha totalmente iluminado capaz de nos levar à iluminação perfeita por meio do poder de bênção da sua realização, ou *adhishtana* (sânsc.: *adhiṣṭhāṇa*; tib: *byin gyis rlab pa*). Entre esses extremos, temos aqueles de grande realização e poder chamados siddhas (yoguins altamente realizados), bem como yoguins ou praticantes

---

* N.T.: Ver a discussão desses termos em inglês e português em "Conversas com Lama Shenpen", p. 227.

de vários níveis de consumação ou realização. Alguns deles podem ter pouca ou nenhuma realização, ou sequer qualificações. No entanto, se o que estão ensinando é considerado budismo, eles são denominados professores budistas. Este é o termo usado quando se convocam reuniões e conferências para aqueles que ensinam budismo. É em momentos como esse que a falta de clareza sobre o que constitui um professor budista torna-se especialmente óbvia e pode ser bastante problemática. Quem deve ser incluído nessa categoria e com base em quê?

A tradição budista como um todo teve que lidar com esse tipo de situação ao longo de milênios. Dado que não existe uma hierarquia abrangente de uma autoridade espiritual que todos os budistas aceitem, cada tradição teve que apresentar suas próprias soluções. Muitas vezes, isso envolve um alto grau de sutileza e sofisticação, construído ao longo de gerações de uma cultura compartilhada com seus costumes e formas diferenciadas de comunicação. Muitas vezes, a política desempenhou um papel fundamental no reconhecimento dos professores e na dimensão da sua autoridade. De qualquer forma, de acordo com todos os relatos, fica claro na história do budismo e nas histórias das vidas dos grandes praticantes yoguins do passado que os tipos de problemas e confusões que enfrentamos hoje em termos de charlatães, corrupção e abuso sempre estiveram presentes.

OUVIR PARA RECEBER SABEDORIA

Fazer jus ao significado de *ouvir* para receber sabedoria mereceria um outro livro. Basta dizer que ouvir exige abertura, requer trazer toda a nossa presença para que possamos ser receptivos. Ouvir para receber sabedoria requer um certo tipo de confiança interior. Se não confiarmos em nós mesmos e na nossa capacidade de reconhecer a verdade e a bondade, teremos dificuldade de ouvir com abertura e estar totalmente presentes com a pessoa — ou mesmo o livro — que estamos buscando para receber sabedoria. Precisamos nos relacionar com nossos professores como fontes de sabedoria e aprendizado, sejam eles nossos colegas e companheiros praticantes, instrutores, guias ou gurus siddhas. As coisas correm mal quando não somos capazes de ouvir de forma aberta, clara e sensível. Ouvir com ideias preconcebidas significa que não somos capazes de estar verdadeiramente presentes e receber toda a sabedoria que está disponível para nós. No Dharma, estamos aprendendo a abandonar as ideias preconcebidas e a nos abrir para a realidade como ela é — essa é uma forma de conhecimento e uma habilidade que estamos tentando aprender com a ajuda dos nossos professores. Se ouvirmos para receber sabedoria, podemos aprender com qualquer pessoa, incluindo nós mesmos.

UM ESCLARECIMENTO SOBRE OS TERMOS

Expressões como "sabedoria", "nossa verdadeira natureza", "a natureza da mente", "despertar" e "coração desperto" podem ser entendidas em um nível simples e comum, ou referindo-se ao profundo mistério do nosso próprio ser, que é uma realidade suprema espiritualmente experiencial que vai além de toda a compreensão intelectual. Nesse contexto os termos são diversos, como liberação, nirvana, buddha, *dharmakaya,* guru, princípio do guru, mandala do despertar, *bodhichitta,* e assim por diante.

Enquanto os cristãos usam a letra inicial maiúscula quando se referem a Deus, hoje em dia costuma-se não usar a letra inicial maiúscula dos termos budistas relacionados ao supremo. Para os budistas que acreditam que o budismo é uma filosofia relativista, isso faz sentido. Muitos budistas, no entanto, procuram despertar para uma sabedoria ou realidade muito mais radical do que meramente a impermanência do relativo. Para eles, termos como "a natureza da mente" referem-se a uma realidade e experiência profundamente espiritual e suprema que dever ser abordada com reverência e até mesmo admiração — independentemente do fato de as palavras que se referem a ela serem ou não usadas com uma letra inicial maiúscula.

E embora o leitor provavelmente possa sobreviver sem as explicações apresentadas a seguir, preferi incluí-las para aqueles que desejam entender melhor meu uso da linguagem e algumas das alusões que faço ao longo do livro.

Ocidental

Ao longo do livro, me referi aos "ocidentais" e à "cultura ocidental" em contraste com os budistas criados em países ou culturas budistas. Sei que o termo ocidental neste contexto é vago. Uso esse termo para falar sobre qualquer contexto cultural onde prevalecem os padrões de pensamento ocidentais modernos. Certamente, onde quer que as línguas europeias sejam faladas, existe certa herança comum a que me refiro como ocidental, embora esses países ou sociedades não sejam europeus. Por "ocidental", quero dizer as línguas, as estruturas conceituais, as histórias e as culturas de povos que têm mais em comum uns com os outros do que com as culturas do Extremo Oriente e as culturas budistas que nelas surgiram.

Como estou escrevendo em inglês, meus comentários são relevantes tanto para os ocidentais quanto para outros leitores familiarizados com a língua. Esses podem ou não estar cientes da estrutura conceitual que a língua inglesa impõe a seus falantes e, portanto, de suas limitações como canal de tradução dos conceitos budistas. Uma vez que muito do que foi escrito para os ocidentais sobre budismo está em inglês, muitos que falam inglês, mas não são nativos, estudam o Dharma principalmente em inglês. Portanto, quando me refiro a "ocidentais" como se esse fosse um único grupo claramente identificável, há um certo entendimento de que as pessoas de quem estou falando são aquelas cuja fonte primária de ensinamentos budistas vem de um europeu e, muito provável, mais especificamente de uma cultura que fala inglês. Pode, portanto, incluir pessoas de outras partes do mundo, até mesmo de países onde o budismo faz parte de sua herança espiritual e de sua cultura.

Isso será particularmente verdadeiro se seu conhecimento do budismo vier sobretudo dos livros ocidentais sobre o assunto.

O princípio da mandala

O termo sânscrito mandala significa centro e periferia. Uso esse termo livremente ao longo desse livro, uma vez que a palavra já é familiar aos que falam inglês e encontrada nos dicionários, igualmente no caso do português. Não uso esse termo para me referir às representações pictóricas de mandalas de deidades ou ao uso específico que Carl Jung fez do termo, mas sim em um sentido geral de uma totalidade ou de um universo integrados.

Meus alunos estão familiarizados com o termo *mandala* devido ao treinamento Descobrindo o Coração do Budismo, no qual todos se engajam. Para os leitores de um modo geral, no entanto, é suficiente usar o termo para se referir a um mundo ou a um todo, como quando dizemos "Meu mundo inteiro desabou", ou "Você é tudo para mim".

Quando Rigdzin Shikpo fala em mandala, ele se refere não apenas a esse sentido, mas a um sentido ainda mais geral, em que tudo o que possamos pensar é uma mandala. Tudo o que vivenciamos é uma mandala com uma estrutura específica e uma dinâmica organizadora que rege sua manifestação e interação com tudo o mais. Toda a nossa pessoa é uma mandala, assim como nosso corpo físico, nossa mente, nossos pensamentos, nosso ambiente e tudo o que dizemos e fazemos. Todas essas mandalas se interpenetram e não podem ser separadas umas das outras, embora cada uma tenha sua estrutura e dinâmica únicas. Isso se aplica a todos os níveis da nossa experiência, bem como ao que consideramos o "mundo externo". O centro da nossa mandala pessoal é nosso poder de escolha. (Quando estou ensinando, refiro-me a isso como nosso "desejo do coração" e uso exercícios reflexivos para ajudar os alunos a descobrirem dentro de si o que isso significa.) Tudo o que acontece na nossa mandala é influenciado e moldado por nossas intenções, atitudes, palavras e ações de uma forma profunda, tanto no presente quanto no futuro. É assim que o karma governa as nossas vidas e é como funciona o caminho para o despertar. É assim que os bodhisattvas criam terras puras e desenvolvem meios hábeis para ajudar os seres.

Uma série de características pode ser entendida como intrínseca a todas as mandalas, tal como um princípio central, contorno externo, guardiões, hierarquias, preceitos samaya, troca de energia, mensageiros e portões de entrada que podem ser discernidos em uma mandala de ensinamento ou sangha. Uma mandala de ensinamento é centrada no professor e, ainda mais importante, na intenção do professor e na profundidade da sua compreensão. É proveniente do professor com o que é conhecido como as cinco certezas (um determinado professor, dando um determinado ensinamento, para uma determinada assembleia, em um determinado momento e em um determinado lugar). É a isso que estou chamando de mandala de ensinamento.

O princípio central de uma mandala de ensinamento não é necessariamente uma pessoa; pode ser um princípio, tal como um livro, um código de conduta ou um conselho de anciãos. Aqueles que dão sua fidelidade a esse princípio formam uma mandala cujos contornos decorrem da interação entre aqueles que têm a mesma fidelidade e os que não têm. As relações que definem os contornos dessa interação podem ser amigáveis, hostis ou neutras. Ainda assim, sempre haverá um elemento de emocionalidade sobre quem está e quem não está na mandala. Isso é chamado de princípio protetor. Isso também se aplica à interação entre os diferentes estágios de hierarquia à medida que chegamos mais perto do centro.*

O significado essencial de eu e outro

A mensagem no budismo sempre foi que o apego aos conceitos de eu e outro surge de *avidya* (o não reconhecimento da nossa verdadeira natureza) e é a causa de karma e sofrimento. No entanto, aqui estamos falando sobre o desejo do nosso coração no centro da nossa mandala pessoal que se abre para uma espécie de "outro" essencial.

A questão é que, quando não reconhecemos a nossa natureza búdica, criamos uma falsa versão de nós mesmos associada aos *skandhas*. Os skandhas são aquilo a que tentamos nos agarrar como o nosso eu — isto é, nosso corpo, sensações, percepções, construções mentais e consciência. Mas todos são impermanentes e não é adequado agarrarmo-nos a eles como se fossem o nosso eu. Agarrar-se a todos ou a qualquer um deles, mesmo que sutilmente, causa sofrimento — a primeira das quatro nobres verdades do Buddha. Assim, permanece a questão quanto ao que realmente somos. Cada ser é o ponto de emanação da sua mandala pessoal, interagindo com a de todos os outros seres. Uma vez que todos nós somos buddhas por natureza, se pudéssemos ver essa verdade, apreciaríamos essa

---

* Esta forma de ensinar sobre o princípio da mandala advém das reflexões de Rigdzin Shikpo sobre o que lhe foi ensinado por Chögyam Trungpa Rinpoche na Grã-Bretanha, na década de 1960. Foi desenvolvida no manual do curso Discovering the Heart of Buddhism [Descobrindo o Coração do Budismo] com o nome "princípio da mandala".

interação como *jnana* não-dual (sabedoria-consciência), a interação inseparável entre o eu e o outro.

Desse modo, assim como nossa concepção equivocada de eu e outro, onde os dois parecem ser entidades distintas e separadas, temos uma concepção não equivocada de eu e de outro, a jnana búdica não dual. Em outras palavras, não é um conceito equivocado sentir outro ser no nosso coração; a sabedoria-consciência búdica é a sabedoria intuitiva ou jnana. Não chegamos a ela a partir da razão. Não podemos provar a sabedoria-consciência com a lógica. Podendo contar apenas com as nossas percepções, como sabemos que os outros não são meramente projeções nossas? Essa ideia seria solipsismo. Intuitivamente, reconhecemos isso como loucura. Sabemos de forma clara, na nossa própria experiência, que nos relacionarmos com os outros como sendo reais é sanidade, e não fazer isso é loucura. Sabemos no nosso coração que os outros são importantes e dão sentido à nossa vida. O que sentimos no nosso coração é muito mais significativo do que qualquer outra coisa na vida. Da mesma forma, podemos abrir intuitivamente nosso coração para o guru como a fonte de adhishtana de todos os buddhas, permitindo que ele nos desperte. Esse mesmo movimento de abertura para o "outro" é o que nos permite amar verdadeiramente os outros seres e nos envolver espontaneamente em ações que removem o seu sofrimento.

Embora já tenhamos as qualidades búdicas dentro de nós, para que se manifestem plenamente é necessário haver uma noção de relacionamento e comunicação com o "outro" na forma de praticantes e seres despertos. Talvez uma palavra melhor para isso seja *intimidade*. Não é uma noção de "você lá" e "eu aqui". É mais uma sensação de alegria por encontrar alguém tão próximo e íntimo — nem igual, nem diferente de mim. Este papel do guru como o "outro" supremo parece estar relacionado ao que Rigdzin Shikpo chama de "jnana do eu" e "jnana do outro" e aos ensinamentos sobre como a manifestação acontece. Para que haja qualquer coisa, deve haver uma interação entre eu e outro.* Mesmo o Buddha, ao alcançar a iluminação, perguntou: "A quem devo venerar agora?". Em outras palavras, "Quem agora é o 'outro' para quem eu possa me abrir?". A resposta que surgiu para ele foi o Dharma. Era quase como se, em algum sentido profundo, a própria realidade tivesse se tornado guru como "outro" para o Buddha.

Espero que este livro contribua para a busca contínua de soluções no tão necessário processo de esclarecimento à medida que o budismo cria raízes no Ocidente. No mínimo, espero que ajude os leitores a contornarem as dificuldades e a encontrarem uma orientação genuína no seu caminho para o despertar.

AGRADECIMENTOS

Este livro vem sendo preparado há décadas, durante as quais muitos dos meus professores, colegas e alunos do Dharma discutiram esse tema comigo e embasaram meu pensamento. Desejo reconhecer minha dívida de gratidão para com todos eles e pedir perdão por qualquer coisa que eu tenha deturpado ou dito de forma a perpetuar mal-entendidos sobre o mais profundo de todos os tópicos, o princípio do guru.

Desejo também aproveitar esta oportunidade para agradecer a todos que ajudaram a concluir este trabalho, incluindo a equipe editorial da Shambhala. Foi um prazer trabalhar com vocês!

---

* Para um relato mais detalhado do que dizemos aqui, veja Rigdzin Shikpo, The Higest Maha Ati Teachings: Chögyam Trungpa Rinpoche in Great-Britain [Os ensinamentos mais elevados Maha Ati: Chögyam Trungpa Rinpoche na Grã-Bretanha], em Recalling Chögyam Trungpa [Relembrando Chögyam Trungpa], Editora Fabrice Midal, Boston, Shambhala Publications, 2005, p. 221–42.

1. Introduzindo o princípio do guru

> Comparada com a meditação em cem mil deidades,
> A meditação sobre o único e inigualável Guru é suprema.*

Podemos nos perguntar se a citação acima é mesmo budista, porém tais afirmações são comuns nos textos budistas tântricos. Será que isso distingue o budismo tântrico de todas as outras tradições budistas? A resposta é não, embora seja necessário um exame cuidadoso para saber o que exatamente significa em qualquer afirmação. Em outras palavras, como devemos entender o que significa *guru* nesse tipo de contexto? É isso o que este livro se propõe a explorar.

A tradição budista sempre se referiu ao Buddha como o guru — o guru supremo. Buddha significa uma pessoa iluminada (também traduzida como desperta ou completamente realizada), que é o guru supremo de todos os seres. No budismo, há gurus iluminados que transmitem a verdade e o poder de bênção (*adhishtana*) da sua iluminação aos seus discípulos; esses, por sua vez, se tornam gurus e os transmitem aos seus discípulos, e assim por diante. Desse modo, há o guru supremo e outros gurus que

---

* Jamgon Mipham, O Lótus Branco: uma explicação da Oração de Sete Linhas ao Guru Padmasambava, Tradução de Marcelo Nicolodi, Editora Lúcida Letra, Teresópolis, 2014.

transmitem o adhishtana e os ensinamentos do guru supremo. Portanto, existe tanto o guru e os gurus que emanam dele, que formam, em certo sentido, uma unidade com o guru supremo. O objetivo é perceber a verdade da iluminação para que nós também possamos nos tornar um com o guru supremo. Quando no budismo nos referimos ao guru inigualável e supremo para todos os seres, estamos falando do Buddha, bem como de todos os outros buddhas, e todos aqueles que deles emanam como gurus por seus próprios méritos. Isso se estende, então, a todos os seres cujos ensinamentos emanam da mesma verdade do despertar que o Buddha realizou. Assim, com efeito, o termo guru passa a se referir mais a um princípio ou essência de todos os buddhas, ou seja, a própria natureza da realidade. Não temos uma palavra em inglês (nem em português) que abarque todos esses níveis de significado; então, nos deparamos com uma dificuldade fundamental desde o início.

O budismo está presente na nossa cultura há mais de cem anos. Sua popularidade está aumentando, especialmente nas últimas décadas. Questões sobre o que é necessário para ser um guru, por que é importante entender o que significa guru e como devemos nos relacionar com ele tornaram-se prementes.

Quando no Ocidente falamos de uma relação professor-aluno, tendemos a nos concentrar nas nossas ideias sobre o que deve ser uma relação ideal com outra pessoa. A tradição budista, entretanto, está mais focada no que deve ser a nossa relação ideal com o que estou chamando de *princípio do guru*. A diferenciação entre o guru como pessoa e o guru como *princípio* está implícita na tradição, mas geralmente não é explicitada. Não é explicitada porque o objetivo é compreender a não diferenciação entre o guru enquanto princípio, todas as pessoas (gurus) que nos ensinam o Dharma (a verdade), a própria natureza do nosso ser e a realidade ou totalidade em si. *Todos* esses são o único e inigualável guru. No entanto, na tradição budista tibetana, a forma como os ensinamentos são muitas vezes apresentados soa como se o inigualável *guru* devesse ser uma única pessoa que é seu guia espiritual ou professor.

Outra maneira de me referir ao princípio do guru que achei útil ao ensinar meus alunos é chamá-lo de *mandala do despertar* — em outras palavras, a esfera ou mundo da iluminação. Considerando que o princípio do guru como um termo depreende o sentido do professor espiritual e do ensinamento, ele pode soar um pouco abstrato. Mandala do despertar, por outro lado, depreende o sentido de que o princípio do guru está imediatamente acessível no nosso mundo. A mandala do despertar é o Buddha (o guru), o Dharma (a transmissão da verdade) e a Sangha (os discípulos do Buddha). O Buddha, portanto, representa o princípio do guru, bem como a pessoa histórica Shakyamuni e todos aqueles que corporificam esse princípio. A mandala do despertar não é outra coisa senão o Buddha e a atividade iluminada do Buddha. Este é o único e inigualável guru.

Muitas preces, em especial no budismo tibetano, começam com saudações ao guru, seguidas por saudações ao Buddha, ao Dharma e à Sangha. Isso parece implicar que se deve colocar seu professor pessoal em uma quarta categoria de refúgio, além e acima do Buddha, do Dharma e da Sangha. Preferencialmente, parece insinuar que as pessoas que nos ensinam estão na verdade nos conectando ao guru supremo e, portanto, corporificam o princípio do guru para nós. O refúgio é o princípio do guru — o despertar, a nossa natureza desperta. A pessoa do guru é inseparável do princípio e parte integrante da mandala do despertar. Como não temos um termo que transmita todas essas nuances, precisamos usar vários outros termos.

Dentro da tradição, uma vez que o termo guru é usado de modo variado para se referir a uma certa pessoa ou ao princípio do guru (ou ambos), ele permite diferentes níveis de significado e certo grau de ambiguidade. Isso enriquece o discurso e traz uma profundidade de significado que está ausente na tradução. É para recuperar um pouco dessa profundidade de significado que introduzo as expressões *princípio do guru* e *mandala do despertar*. São expressões que nos permitem sugerir o princípio, ou mandala,* quando nos referimos a uma determinada pessoa como nosso guru ou professor. Assim, por exemplo, posso me curvar com toda sinceridade a uma pessoa que, para mim, representa o princípio do guru ou me conecta à mandala do despertar, sem que isso seja levado pessoalmente para lado nenhum. Fazer uma reverência a alguém que é visto como guru não coloca essa pessoa em uma categoria especial. É simplesmente uma questão de princípio e conexão com a mandala. Todas as pessoas que desempenham um papel no processo da nossa iluminação estão, na verdade, desempenhando o papel de guru para nós. São expressões do princípio do guru.

Por essa razão, alguns textos referem-se aos nossos pais e professores da escola como nossos gurus. Até mesmo nossos inimigos podem se tornar nossos gurus se aprendermos a ter paciência e tolerância com eles. Textos podem ser nosso guru; o mundo à nossa volta pode se tornar nosso guru. Isso ocorre porque o guru é a ação compassiva todo-penetrante e atemporal da mandala do despertar do Buddha, que chega até nós em todas as circunstâncias da nossa vida. Tudo o que nos ajuda a alcançar a iluminação é o guru, no sentido de que tudo é uma expressão do princípio do guru.

Tudo isso significa que podemos meditar sobre o único e inigualável guru, embora sabendo que há muitos gurus, cada um em um nível de realização muito diferente. Podemos nos orientar em direção ao princípio do guru, que é a verdade viva do poder (adhishtana) da iluminação, que chega até nós por meio de todos os nossos gurus — todos aqueles que nos ajudam e nos

---

* Há uma discussão mais completa do princípio da mandala na Introdução.

guiam no nosso caminho para a iluminação. Essa não é apenas uma ideia intelectual. É por isso que nos comportamos com respeito e dignidade para com aquelas pessoas que corporificam esse princípio, abrindo nosso coração para sua influência, para que nos transformemos e nos tornemos como eles. Na verdade, nós os convidamos a entrar dentro de nós para que nos tornemos indiferenciáveis deles, um em essência — uma união alegre.

Nas culturas budistas, é intrínseco à construção do pensamento das pessoas o fato de que avançamos espiritualmente honrando e mostrando gratidão a qualquer pessoa ou coisa (como uma estupa, estátua ou relíquia) que desempenhe o papel de nos conectar ao despertar. De fora dessa cultura, pode parecer que isso representa devoção a pessoas e coisas e, às vezes, representa. No entanto, essa devoção pessoal é entendida como uma expressão de devoção ao próprio princípio do guru, e os atos de devoção são vistos como maneiras de nos conectarmos à mandala do despertar — a presença onipresente do Buddha, para além de todos os conceitos de tempo e espaço, eu e o outro, e assim por diante.

Isso significa que quando o termo guru é usado para uma determinada pessoa, há uma diferenciação implícita sendo feita entre o princípio do guru que ela corporifica e sua manifestação não tão iluminada, com quem podemos ter uma relação pessoal. Considerando que um buddha é uma manifestação totalmente iluminada do princípio do guru, a maioria das pessoas que desempenha o papel de guru para nós ainda está no caminho. Podemos pensar em nossos gurus como Buddhas, no sentido de que eles corporificam o princípio do guru e desempenham o papel de guru para nós, sem que tenhamos que projetar neles qualidades que ainda não manifestam, como se fossem obrigados a viver de acordo com nossos padrões pessoais de perfeição. Em outras palavras, podemos nos relacionar com a figura do guru de um modo pessoal como um ser humano com necessidades e talvez falhas próprias, ao mesmo tempo que não perdemos de vista o aspecto mais impessoal do seu papel para nós como uma corporificação do princípio do guru.

Para ilustrar esse ponto, quero chamar a atenção do leitor para a história de Shariputra, que se tornou um dos principais discípulos do Buddha, e Ashvajit, que era um monge noviço na época em que os dois se conheceram. Insiro aqui uma breve história extraída do livro *Mahavagga*, contido na seção do Vinaya do Cânone Páli.

Shariputra há anos procurava um guru totalmente desperto que pudesse iluminá-lo. Certo dia, ele conheceu Ashvajit, um jovem discípulo de Buddha que fazia sua ronda para obter esmolas. Shariputra ficou impressionado com o brilho e a dignidade do comportamento de Ashvajit e lhe perguntou quem era seu guru. Ao ouvir que era o Buddha, pediu-lhe que lhe contasse um pouco sobre seus ensinamentos.

Ashvajit respondeu modestamente que não tinha nenhuma realização e então pronunciou as seguintes palavras do Buddha: "*Ye dharmā hetuprabhavā hetuṃ teṣāṃ tathāgato hy avadat, teṣāṃ ca yo nirodha evaṃvādī mahāśramaṇaḥ*". Em linhas gerais, isso se traduz como: "Todos os fenômenos têm uma causa, e o grande Asceta [o Buddha] ensinou essa causa e também sua cessação".

Imediatamente, ao ouvir essas palavras, Shariputra desenvolveu uma fé profunda no Buddha e acompanhou Ashvajit até onde o Buddha estava. Pouco tempo depois de conhecer o Buddha, Shariputra alcançou a iluminação. Após esse encontro inicial com Ashvajit, toda vez que, no curso de suas andanças chegava a um novo lugar, Shariputra sempre se voltava na direção em que sabia que Ashvajit estava e se curvava a ele como seu guru.

Se o guru de Shariputra era o Buddha, então por que ele se curvava a Ashvajit, um mero discípulo do Buddha? A resposta é "por causa do princípio". Para Shariputra, Ashvajit foi a primeira pessoa que o conectou ao mundo (mandala) do Buddha, seus ensinamentos e discípulos — a mandala do despertar. Em outras palavras, não é apenas a nossa figura principal do guru que nos leva à iluminação, mas todas as conexões que nos ligam à mandala do despertar. É por isso que Shariputra sempre teve o cuidado de se curvar na direção de Ashvajit. Ele nunca esqueceu a conexão especial que tiveram, reconhecendo que isso significava que tiveram uma conexão importante com o Dharma no passado e que continuariam a ter no futuro.

Vale a pena avaliar com cuidado como o termo guru está sendo usado neste relato. É usado para a pessoa que pode nos conectar ao adhishtana da mandala do despertar, para a pessoa que nos introduz à verdadeira natureza da mente (também conhecida como o coração desperto ou a verdadeira natureza da realidade), bem como para a verdadeira natureza da mente em si, para os ensinamentos do Buddha e para aqueles que os ensinam. Também é usado para qualquer coisa que transmita a mensagem do Dharma para nós, seja de modo simbólico ou metafórico.

Ashvajit era uma pessoa que pertencia a uma linhagem de transmissão autêntica (em outras palavras, a mandala do despertar); ele falava as palavras do Buddha; seu brilho e sua conduta eram um sinal exterior (ou símbolo) que comunicaram a Shariputra a mensagem de sua paz interior e estado de bem-aventurança. Por fim, tudo isso levou à compreensão da verdadeira natureza da mente, o coração desperto, o guru supremo.

Wangchuk Dorje, em *Ocean of definitive meaning* [Oceano do significado definitivo], fala de quatro tipos de gurus. O encontro entre Ashvajit e Shariputra mostra como esses quatro gurus são inseparáveis um do outro. Apresenta o guru da seguinte forma:

> Uma pessoa que pertence a uma linhagem de transmissão espiritual autêntica — como era Ashvajit;

as palavras do Buddha — transmitidas por Ashvajit;
as aparências simbólicas — no próprio comportamento de Ashvijit;
a verdadeira natureza da realidade — como Shariputra reconheceu.

Quando Wangchuk Dorje e outros professores falam sobre fé e devoção ao guru, isso significa guru em qualquer um ou em todos esses sentidos. Quando os textos enfatizam a importância de servir ao guru, isso significa atender às necessidades e aos ensinamentos de qualquer pessoa, ou qualquer coisa que esteja nos abrindo ao verdadeiro conhecimento e ao despertar. Nosso ato de servir, de cuidado e atenção reforçam nossa conexão com a própria realidade. É por isso que Shariputra sempre se curvava na direção de Ashvajit.

A NECESSIDADE DE UM GURU HUMANO

Uma pergunta surge com frequência aqui no Ocidente: uma pessoa pode alcançar a iluminação sem ter um relacionamento com um guru humano? Em outras palavras, não poderíamos fazer isso por nós mesmos, lendo, assistindo os ensinamentos, praticando o que é ensinado e assim por diante, sem nunca pedir orientação ou acompanhamento pessoal, pelo menos não de um determinado professor ou linhagem?

É possível que uma pessoa sinta que recebeu o adhishtana da mandala do despertar principalmente conectando-se ao princípio do guru de uma forma impessoal. Pode até sentir que essa é uma maneira mais direta de se relacionar com a essência suprema do Buddha (o *dharmakaya*). O poder de adhishtana dos buddhas não é onipresente e acessível a todos nós? Todos nós não temos a natureza búdica? Isso não quer dizer que tudo que precisamos fazer é confiar em nós mesmos? Não encontramos naturalmente o princípio do guru no mundo à nossa volta?

Há histórias de praticantes (*pratyekabuddhas*) que recebem o adhishtana dessa maneira. Parece que eles reconhecem a verdade por si mesmos, em si mesmos e no mundo à sua volta. Não precisam de um professor humano. Khenpo Tsultrim Gyamtso Rinpoche às vezes nos dizia que não precisávamos das suas bênçãos, pois tínhamos natureza búdica e, portanto, podíamos abençoar a nós mesmos. Tudo isso se tivéssemos uma conexão forte o bastante com a mandala do despertar em vidas anteriores. O perigo é que, tendo conexão e compreensão insuficientes, abençoaríamos a nós mesmos reforçando o apego ao ego.

No entanto, há muito a considerar neste ponto de vista. Se não tivermos escolha, o que em geral é o caso, então podemos percorrer um longo caminho praticando por conta própria, sem um guru para nos orientar. Ainda contamos com o guru em princípio, pois tudo o que lemos ou ouvimos e que nos ajuda em nosso caminho vem de alguma pessoa viva ou morta que corporifica esse princípio. Porém, é extremamente difícil, se não impossível, percorrer todo o caminho sozinho. Precisamos nos aproximar e nos abrir para a mandala do despertar, o que significa que ingressamos e nos tornamos parte integrante dela. Não nos iluminamos sozinhos como um indivíduo independente. Entendemos que somos um único com o despertar e todos os seres despertos, que nos atraem para eles e nos empoderam. Embora possamos argumentar que isso acontece naturalmente e então não há necessidade de procurar um guru, isso é o mesmo que dizer que como a água naturalmente sacia a nossa sede, então não há necessidade de encontrar uma fonte confiável de água para beber! Beber nessa analogia é como descobrir dentro de nós nossa capacidade de nos abrirmos e confiarmos no guru como "outro" (a água). Essa confiança é parte integrante do processo de abandonar nosso apego ao ego.

O GURU COMO UMA PESSOA

No centro da confusão sobre como se relacionar com o guru — em termos de se o guru deve ser considerado singular ou plural, pessoal ou impessoal e assim por diante — está a questão: "Afinal, o que o budismo entende como uma 'pessoa'?".

É ensinado que, fundamentalmente, tudo o que experienciamos é o guru. Quem somos então? O budismo nos ensina que, como seres, todos cometemos o mesmo erro de nos agarrarmos aos constituintes impermanentes e mutáveis do nosso eu. Esse não reconhecimento da nossa verdadeira natureza e apego ao que é falso é chamado de *avidya*, é a fonte de todo sofrimento (todo o ciclo de nascimento e morte, ou samsara). Então, quem é a pessoa que está cometendo esse erro e que é capaz de reconhecê-lo como um erro? Quem ou o que é a pessoa que realiza sua natureza de sempre ter sido um Buddha desperto? Às vezes soa como se o budismo ensinasse que os seres ou pessoas são meramente ilusões ou delírios, como se, em última análise, tudo o que somos é uma corrente de eventos impermanentes que surgem dependentemente. Outras vezes, parece que cada um de nós, em última instância, é um com o Buddha, e será sempre capaz de se manifestar como uma pessoa que experiencia um mundo único e sem igual, para o benefício de todos. Nos sutras e nos tantras, os buddhas dos três tempos se comunicam uns com os outros em toda dimensão de tempo e espaço, como se quando despertamos, todos os tempos, lugares e pessoas se interpenetrassem e fossem acessíveis a todos. É ensinado que a única coisa que impede qualquer um de nós de ser capaz de se comunicar desse modo é o nosso não reconhecimento (avidya) da nossa verdadeira natureza, que é ofuscada por nossos hábitos cármicos e obscurecimentos.

Nem todos os budistas aceitam que todos os seres são essencialmente buddhas. Para aqueles que aceitam, a pessoa não é simplesmente uma ilusão vazia. A pessoa — como o amor — não está no tempo e no espaço. Aquilo a que nos agarramos como nosso eu é uma ilusão que surge dependente da forma com que nos agarramos cegamente às nossas percepções mentalmente construídas. O que surge dependentemente é impermanente e não confiável. Quando abandonamos essas formas falsas de ver, o verdadeiro conhecimento do que realmente somos emerge, e isso é chamado de iluminação ou despertar. A partir daí, somos um buddha — uma pessoa iluminada que trabalha para o benefício de outras.

A resposta à pergunta sobre o que é uma pessoa no budismo torna-se então igual à pergunta de "O que é um buddha?". Em outras palavras, não saberemos até que alcancemos a realização do estado búdico. Enquanto isso, o que devemos entender em termos de como nos relacionar com nosso guru como pessoa de um modo pessoal? Por um lado, intuímos em um nível profundo que o guru e os outros são pessoas diferentes de nós, extremamente importantes e preciosas. O que seria da nossa vida sem eles? Por outro lado, tudo que tendemos a pensar como sendo *eles* é impermanente e sofrimento. No entanto, quando eles morrem, ainda sentimos que vivem no nosso coração. O que mais importa para nós, e em nós, é o nosso coração. Será que essa poderia ser uma pista para o que entendemos por guru como uma pessoa no budismo? Assim como não podemos explicar nosso coração, não podemos explicar o que é uma pessoa. No entanto, nosso coração e nossa pessoalidade são fundamentais para toda a nossa experiência. No *Sutta do Fardo**, a origem e o fim do sofrimento são explicados como a pessoa que

---

* Bhārasutta (Sutta do Fardo), Samyutta Nikaya 22.22. Em português, https://www.acessoaoinsight.net/sutta/SNXXII.22.php

carrega o fardo para si e finalmente o depõe. O guru é a pessoa que o depõe e também nos mostra como depor o fardo.

GURU E LAMA

Em tibetano, o termo *guru*, ou sua tradução *lama*, pode ser usado sem especificar se o termo é *um* lama, *o* lama ou lamas *em geral*. Os tradutores devem escolher se o artigo definido ou indefinido está mais próximo da intenção do autor em qualquer contexto, porque a gramática do inglês (ou do português) assim o exige. Muitas vezes, a ambiguidade do original é útil. Por exemplo, o preceito de fazer súplica ao guru pode significar orar para o guru enquanto princípio (toda a mandala do despertar), orar para seu professor pessoal ou orar para uma determinada figura ou figuras de gurus. Uma vez que todas essas noções se alimentam e sustentam umas às outras, a ambiguidade adiciona uma qualidade de sutileza e riqueza de significado.

Para nós, no entanto, se o tradutor usa o artigo definido, isso tende a alimentar a ideia de que, para cada pessoa, existe um guru pessoal e único com o qual precisamos criar um relacionamento especial. Mais uma vez, quando os textos devocionais falam do guru, "És o único refúgio", pensamos que isso significa que nenhum outro professor humano é ou poderia ser nosso refúgio. Onde o texto diz: "És o único refúgio para os seres nessa era de trevas", pensamos que isso significa que não há nenhum outro professor de igual poder nessa era de trevas. Mas os tibetanos, sem hesitações, oram primeiro para uma pessoa específica e depois para outra. Isso faz sentido quando entendemos que existe apenas um princípio de guru e todas essas pessoas são corporificações dele. Todos são o mesmo e único guru. Todos são parte integrante da mandala do despertar, conectando-nos e atraindo-nos para ela.

Em qualquer discussão sobre como se relacionar com um guru, é essencial ter tudo isso em mente.

LINHAGEM E ADHISHTANA

Nem todos os budistas pensam no Buddha histórico (conhecido como Gautama ou Shakyamuni) como sendo diretamente acessível por meio da oração do mesmo modo que, talvez, um cristão orasse a Jesus ou a Deus. Ainda assim, todos reconheceriam a necessidade de manter uma conexão próxima com a mandala do despertar, venerando o Buddha enquanto princípio, como um meio de reunir conexões corretas e bons resultados cármicos (*punya*), a fim de se manter firmemente no caminho para o despertar de uma vida para a outra.

Outros budistas pensam no Buddha Shakyamuni como sendo uma presença compassiva onipresente, a quem alguém pode se abrir em oração. Ele e todos os buddhas são inseparáveis da verdadeira natureza da realidade, o guru supremo. Essa presença compassiva onipresente é o que a súplica ao guru ou a meditação sobre o guru indica, e é a ela que se referem as liturgias dirigidas ao "único e inigualável guru".

Será que isso quer dizer que as preces dirigidas a qualquer pessoa que consideramos nosso guru serão igualmente efetivas? As histórias tradicionais da vida dos gurus iluminados e a escolha das palavras em muitos textos litúrgicos e manuais de instrução sugerem que é o caso. Ficamos com a impressão de que o guru, enquanto a pessoa que estamos seguindo, também é o beneficiário das nossas preces. Isso está acontecendo de uma forma pessoal? Com certeza pode parecer que sim, mas será que devemos interpretar isso literalmente? Pensar na inseparabilidade do nosso coração e mente com o coração e mente do nosso guru (ou de qualquer outra pessoa) nos conecta ao coração desperto (bodhichitta, outro termo para a verdadeira natureza da mente). O poder (adhishtana) da verdadeira natureza do coração e da mente — a realidade em si — está sempre presente e acessível, pronto para nos ajudar, guiar e proteger. Portanto, pode fazer sentido orar para uma pessoa que consideramos nosso guru, ao mesmo tempo sabendo que a fonte suprema de qualquer benefício que resulte da prece é devido ao próprio princípio do guru, a presença compassiva onipresente da mandala do despertar dos buddhas.

Quaisquer termos que usarmos — guru, Buddha, mandala do despertar, princípio do guru, bodhichitta, coração desperto, verdadeira natureza da mente, natureza búdica, abertura, clareza e sensibilidade do nosso ser, a realidade em si, e assim por diante — estaremos falando sobre a fonte suprema de todas as coisas. É isso que está ativamente chegando até nós o tempo todo, esperando a nossa resposta. É a atividade espontânea da iluminação do Buddha. É o nirvana para além de todos os conceitos, como tempo, espaço, eu, outro, um, muitos, pessoal e impessoal. O poder vivo (adhishtana) dessa atividade espontânea chega até nós por meio das linhagens dos gurus, todas emanadas dessa única fonte, por isso faz sentido falar sobre o guru em termos de uma linhagem espiritual. Aqui, a linhagem é usada para indicar um ramo particular da mandala do despertar. Todos os budistas do mundo hoje se consideram pertencentes à linhagem (mandala) do Buddha histórico Shakyamuni. Muitas linhagens iluminadas ou linhagens guru-discípulo se originaram dele, de modo que hoje muitas sublinhagens se veem como parte integrante da linhagem de Shakyamuni.

Em vez de falar em devoção ao guru, pode-se falar em termos de devoção à linhagem, súplica à linhagem, abrir-se ou conectar-se à linhagem, confiar na linhagem e assim por diante. Por causa das conotações problemáticas que o termo *guru* adquiriu no Ocidente, em muitos contextos prefiro usar o termo *linhagem*. No entanto, para algumas pessoas, o termo linhagem é problemático porque soa como uma tradição e uma linha de descendência, e elas desconfiam das reivindicações de autoridade por algum tipo de direito pautado na tradição. Para outras, como eu, o termo *linhagem* sugere a autenticidade de uma sucessão de gurus transmitindo a essência da sua realização, que é seu poder vivo (adhishtana) de transmissão. Esse poder se origina com o guru fundador da linhagem, que é considerado iluminado ou desperto. Isso significa que o fundador forma uma unidade com a própria realidade, o princípio do guru. À medida que seus alunos recebem a transmissão do poder da realização, eles podem passá-lo para seus próprios alunos. Por sua vez, esses se tornam detentores da linhagem de transmissão, e assim ela passa de guru para discípulo. Mesmo que todos os elos da cadeia sejam menos iluminados, se a qualidade da conexão for boa o suficiente, a transmissão pode ocorrer e o poder da linhagem consegue ser passado adiante. Essa conexão, conhecida como *samaya*, será discutida a seguir.

A expressão mandala do despertar acomoda essa ideia de que cada professor na linhagem é o centro da sua própria mandala ou submandala de alunos — sua mandala de ensinamento. Pode ser uma comunidade sangha como um todo ou um simples evento de ensinamento. Em outras palavras, a linhagem consiste em uma série de mandalas de ensinamentos expandindo-se para o mundo. O princípio do guru, o guru supremo, é a fonte de todas essas mandalas. A autenticidade da conexão de cada professor (samaya) com essa fonte é o que liga toda a mandala de ensinamento ao adhishtana da linhagem.

Embora termos como *samaya, mandala, adhishtana, conexões* e *linhagem* sejam particularmente associados ao budismo tibetano Vajrayana, na verdade os mesmos princípios se aplicam a todas as culturas budistas tradicionais.

CHITTA É CORAÇÃO OU MENTE?

Conforme indicado acima, o termo bodhichitta pode ser traduzido como "coração desperto" ou "mente iluminada". Isso ocorre porque a palavra sânscrita *chitta* é usada de várias maneiras, algumas das quais se traduzem melhor em inglês como "mente", outras como "coração". Ao longo desse livro, tendo a me referir à transmissão em termos da introdução à verdadeira natureza da mente; a maioria dos tradutores faz isso. Temos aqui outro exemplo de como a ambiguidade em um termo sânscrito ou tibetano permite uma alternância entre os diferentes sentidos daquilo que em inglês seria traduzido como "coração" ou "mente", ou ambos. Uma vez que o tradutor tenha escolhido um ou outro, ele fixa o significado de uma forma que não está fixada no original.

É uma pena que ao falar constantemente sobre a verdadeira natureza da mente, o leitor ocidental perca a noção de que tudo se refere ao coração. Tanto em inglês quanto em português, coração automaticamente indica amor e compaixão. Isso se relaciona naturalmente com a ideia de um coração puro ser um coração sábio, honesto e bom, confiante e digno de confiança. Todas essas conotações se perdem se nos referirmos apenas à natureza da mente. Um dos efeitos disso é que o budismo como um todo começa a soar como uma ciência sobre cognição e conhecimento. Há uma tendência de procurar a mente na cabeça e no cérebro, e supor que os cientistas saberão mais sobre ela do que nós pela nossa experiência. Apesar dessa desvantagem, tendo a continuar usando a expressão "indicar a verdadeira natureza da mente", sabendo muito bem que os tibetanos fazem um gesto apontando para o peito, enquanto os ocidentais tendem a apontar para algum lugar em torno da cabeça. Os tibetanos vão automaticamente associar isso à amor, compaixão, fé e devoção, enquanto os ocidentais precisam continuar se lembrando de que o coração é a chave para compreender a "natureza da mente" neste contexto.

CONEXÃO (*SAMAYA E TENDREL*)

Ao longo do livro, costumo falar de conexões, às vezes me referindo a conexões samaya e às vezes a conexões auspiciosas (tendrel).* *Samaya*, o termo, é usado para indicar conexão no sentido de um vínculo sagrado: a palavra dada, lealdade, confiabilidade e assim por diante. *Tendrel* é usado para indicar conexões cármicas — tanto como são forjadas e como se manifestam na nossa vida.** Embora o termo samaya seja mais comumente associado a comprometimento no Vajrayana, estou usando aqui em um sentido mais geral, como uma conexão ou relação de confiança. Em tibetano, *samaya* é *damzig*, que significa "palavra sagrada" e é usado exatamente da mesma forma que estou usando *samaya*. Na maioria dos contextos em que uso o termo conexão, pretendo abranger os significados de *samaya* e *tendrel* porque um envolve o outro (ou seja, um bom samaya ou um samaya danificado envolvem conexões cármicas auspiciosas ou não auspiciosas, respectivamente).

Como mencionei, na melhor das hipóteses, cada guru na linhagem é completamente iluminado, mas na maioria das vezes não é esse o caso. No entanto, conquanto que cada guru na linhagem continue tendo genuína lealdade (samaya) com seu guru, a linhagem de transmissão conserva a conexão que permite que o poder da realização do guru original seja passado adiante. O poder da transmissão talvez enfraqueça com

---

* Uso o termo tibetano *tendrel*, em vez do sânscrito *nidana*, porque não tenho certeza de como o termo nidana é usado nos dias de hoje.
** Ver a discussão sobre onisciência no Capítulo 5, p. 179.

o tempo, mas para um aluno carmicamente bem-dotado com as conexões corretas, esse poder ainda pode ser suficiente para torná-lo apto a se iluminar. Nesse caso, sua iluminação reativaria o poder da linhagem. Manter o samaya com a linhagem significa nos orientar em direção à fonte desse poder desperto compassivo para que ele possa mudar nosso curso e nosso mundo em direção à iluminação.

TRANSMISSÃO

A forma como estou usando o termo *transmissão* é para me referir à transmissão espiritual ou passagem de algum tipo de realização, compreensão ou influência espiritual (adhishtana) do Buddha por meio de uma linhagem de discípulos e professores. Essa influência espiritual está atuando em algum nível em todos os que entram em contato com essa linhagem. Oficialmente, "pertencer a" ou "deter" tal linhagem significa ter sido oficialmente aceito por outros que já foram aceitos nela por aqueles reconhecidos como detentores da linhagem, ou seja, membros sêniores da linhagem. Em outras palavras, os professores não apenas ensinam, mas também influenciam diretamente os alunos, despertando neles o reconhecimento por meio de seu adhishtana ou sua presença. Quando isso é passado para outras pessoas, isso é chamado de linhagem de transmissão.

A essência da transmissão está além das palavras. O que isso realmente significa é difícil de compreender, mas intuitivamente faz sentido. Embora a verdadeira transmissão esteja além das palavras, o poder da linhagem pode ser transmitido por meio de diferentes tipos de procedimentos de transmissão ou rituais, como a leitura ritual de textos, a concessão de votos, o ensinamento das práticas ou instruções de meditação. Acima de tudo, a transmissão se dá por meio da introdução direta da natureza da mente.

Eu uso o termo *transmissão* para abranger tanto a verdadeira transmissão, quanto os vários rituais e procedimentos de transmissão por meio dos quais ela é realizada. A propósito, em tibetano existem muitas palavras que são usadas para designar a transmissão propriamente dita e os procedimentos de transmissão. É importante notar que a palavra *transmissão* é usada de forma diferente por diferentes tradutores e sanghas ocidentais, portanto, nem todos usam o termo da maneira geral que estou usando aqui.

ENCONTRANDO UMA LINHAGEM DE TRANSMISSÃO GENUÍNA

Para uma pessoa no Ocidente que está se perguntando onde encontrar uma linhagem de transmissão genuína, há uma variedade do que hoje chamamos de sanghas para escolher. Nos países budistas, os monásticos tendem a ser chamados de "a Sangha", mas aqui no Ocidente referimo-nos a diferentes grupos e comunidades budistas como sanghas, sejam monásticas ou não. Nem todas essas sanghas pensam em termos de linhagens de transmissão. A questão é: como reconhecemos se uma sangha possui tal linhagem de transmissão atuando dentro dela? A resposta não é direta, porque quase tudo que dissermos sobre isso pode ser interpretado de maneiras diferentes. Como o Buddha ressaltou no *Kalama Sutta*,* dizer que uma tradição tem uma transmissão ininterrupta da verdade pode se revelar verdadeiro ou não. Às vezes, um professor é iluminado e pode transmitir a verdade, mesmo afirmando não ter a transmissão

---

* Ver "Como escolher um professor espiritual: o *Kalama Sutta*" p. 65.

da linhagem, enquanto outro que afirma ter a transmissão da linhagem pode não ser iluminado; sua linhagem também pode não ser uma linhagem de transmissão genuína. Existem todos os tipos de cenários possíveis. No entanto, o princípio ainda é que, para haver progresso espiritual genuíno, a transmissão precisa acontecer. É por isso que precisamos ter algum motivo para confiar que a sangha emana da mandala do despertar. Isso quer dizer que ela realmente incorpora um mundo que emana da verdade ou do despertar.

É claro que, à medida que entramos nesse mundo, novatos e destreinados, não estamos familiarizados com o que estamos encontrando. Devemos contar com aqueles que vivem nesse mundo para explicar as coisas, tais como por que fazem o que fazem. De certa forma, estamos à mercê deles, porque devemos estar dispostos e abertos o suficiente para aceitar o que eles dizem, mas apenas até certo ponto. Cabe a cada um de nós avaliar em que ponto devemos examinar a situação e decidir se ela funciona ou não. Se estamos sendo atraídos para algum tipo de seita, deve haver sinais de alerta. Este em si mesmo é um grande tema de discussão. Temos que assumir muita responsabilidade pela forma como julgamos a sangha em que estamos entrando. Devemos ser maduros no sentido de que não estamos insistindo obstinada e infantilmente que não temos que ouvir ninguém, nem estamos apenas aceitando tudo o que nos é dito. Há um meio-termo vital aqui. Podemos aceitar a forma como as coisas são feitas para que possamos aprender, mas, de vez em quando, devemos verificar se estamos realmente aprendendo algo que valha a pena aprender, e não apenas nos conformando para sermos aceitos por algum tipo de clube, ou grupo social, que não vai para lugar nenhum que queremos ir.

A transmissão da realização genuína e da compreensão profunda acontece entre indivíduos relativamente maduros, um dos quais tem um certo nível de realização que é capaz de transmitir, e o outro, a abertura, a clareza e a sensibilidade necessárias para recebê-la. Esse é o caso de aprender qualquer habilidade que desejamos dominar completamente, mas aqui não se trata apenas de uma habilidade; é a verdade sobre a nossa vida, o nosso ser, o universo e a própria realidade — a verdade que vai além do nascimento e da morte. Nada poderia ser mais importante!

POR QUE OS PROFESSORES OCIDENTAIS TENDEM A NÃO SE CHAMAR DE GURUS

Quando falamos sobre os professores no budismo hoje em dia, tendemos a usar vários termos que significam várias coisas. Por exemplo, tendemos a usar *guru* ou *lama* quando falamos sobre uma pessoa que desempenha papéis para nós que requerem nossa fé e devoção. Esses papéis incluem nos orientar espiritualmente, conectar-nos com a verdade do Dharma por meio do poder da transmissão (adhishtana), libertar-nos do samsara ao dar instruções de introdução à verdadeira natureza da mente e nos dar iniciação tântrica (*abhisheka*).

Temos a tendência de usar *professor* quando falamos sobre papéis em que fé e devoção não são particularmente necessárias. Esses papéis incluem ensinar textos da doutrina e de filosofia, ou dar instruções sobre meditação básica, rituais, ética, procedimentos, costumes e assim por diante.

Muitos budistas ocidentais que desempenham o papel de ensinar se sentiriam incomodados por serem chamados de gurus. Normalmente, isso ocorre porque não querem ser beneficiários de fé e devoção, e/ou por causa das conotações estranhas que o termo ganhou no Ocidente. Essa é uma questão que apresenta dificuldades para o budismo à medida que se estabelece no Ocidente. Os professores asiáticos se sentem confortáveis sendo chamados de gurus e, em sua maioria, os ocidentais não. Mas a tradição essencialmente diz respeito a guru, gurus e linhagem. Se os ocidentais se recusarem a ser chamados de gurus, vai parecer que os gurus são sempre asiáticos! Mesmo se substituirmos o termo *guru* por *professor*, essa palavra não carrega todos os sentidos de guru (como visto anteriormente). Embora o contexto muitas vezes deixe claro em que sentido o termo *professor* está sendo usado, ainda existem problemas de terminologia aqui. Tradicionalmente, se alguém nos ensinou algo relacionado ao Dharma, esse alguém é nosso guru ou lama — pelo menos em princípio. Declarar que ele *não* é nosso professor ou guru soa ignorante e desrespeitoso no contexto budista tradicional, embora eu pense que, no contexto ocidental, faz todo sentido.

Para nós, o termo *guru* significa alguém a quem procuramos para buscar orientação espiritual. Dizer que alguém "não é meu guru" significa que não estamos dando a essa pessoa a autoridade para nos dizer o que devemos ou não fazer. A suposição é que, se alguém é nosso guru, devemos obedecê-lo ou, pelo menos, considerá-lo como uma pessoa com autoridade espiritual sobre nós.

Como tendemos a pensar em um guru desse modo um tanto autoritário, as pessoas podem facilmente acreditar que algo terrível acontecerá a elas se não fizerem o que a pessoa que consideram seu guru lhes diz para fazer. Desse modo, pessoas vulneráveis podem facilmente se expor ao abuso. Embora o abuso, sem dúvida, sempre tenha ocorrido no mundo budista (como em qualquer outro lugar, ao que parece), tenho a impressão de que tradicionalmente as figuras dos gurus não são vistas principalmente como figuras de autoridade, mas sim como fontes compassivas de bênçãos (adhishtana) e como tendo os meios de nos conectar à mandala do despertar.*

Outro aspecto da maneira como o termo guru é usado, muitas vezes desconfortável para os ocidentais, diz respeito a

---

* Ver a discussão sobre as situações abusivas no Capítulo 5, p. 207.

receber oferendas. Tradicionalmente, um dos papéis mais importantes do guru é aceitar oferendas, para que as pessoas possam gerar um karma positivo e uma conexão com a mandala do despertar. Em retribuição à oferenda, por menor que seja, o guru transmite o poder de bênção (adhishtana) da linhagem. Isso acontece simplesmente por sua presença, seu toque ou uma ou duas palavras. Para um ocidental, é incomum sentir-se confortável sendo tratado dessa forma por outros ocidentais. Viemos de um contexto cultural tão diferente!

Hoje em dia, muitas pessoas que se consideram budistas não pensam em termos de fé no guru. Podem nem mesmo acreditar na iluminação, ou no samsara, ou na liberação. Talvez pensem que o budismo diz respeito a apenas estar mais desperto e consciente na vida diária, e tentar ser uma boa pessoa. Para elas, o termo *guru* de fato não se aplica e, embora resistam naturalmente a serem chamadas de guru, podem ficar felizes por serem chamadas de professores budistas.

RELATOS TRADICIONAIS DAS QUALIDADES DE UM GURU

O Capítulo 3 do livro *Ornamento da preciosa liberação*, do grande lama Gampopa, da tradição Kagyu, é dedicado ao "amigo espiritual", termo que ele usa alternadamente como guru e lama (no singular e no plural). Descreve o amigo espiritual como um guia, um acompanhante e um barqueiro. Outras fontes usam a comparação de um rei, um barqueiro ou um pastor. O rei se concentra na sua própria prática para alcançar a iluminação e, assim, ser capaz de levar outros seres a esse estágio. O barqueiro se esforça para ajudar os outros, ao mesmo tempo em que se esforça para alcançar a iluminação para si, e o pastor ajuda os outros sem nenhum pensamento ou ambição de atingir a iluminação para si próprio. Será que a imagem do pastor sugere que alguém pode guiar as pessoas rumo à iluminação sem primeiro tê-la alcançado? Acho que a ideia aqui é que o professor chegou perto o suficiente da iluminação para não se perder no caminho. É por isso que pode se concentrar em beneficiar os outros sem nenhuma ambição de alcançar nada para si próprio.

Essas imagens de estilos de ensinamento são úteis para nós quando nos relacionamos com nossos professores e quando escolhemos nossa própria atitude ou estilo de ensinar. Ao trabalhar com outros no contexto de uma sangha, somos como bodhisattvas barqueiros. Quando nos concentramos na nossa prática individual, somos mais como reis. Focar inteiramente em beneficiar os outros sem nenhuma ambição de alcançar nada para nós mesmos pode parecer louvável, mas se não estivermos próximos da iluminação para não cairmos de volta no samsara, ou nos perdermos no caminho, há perigos nisso. Cada estilo tem prós e contras, e vemos professores e alunos diferentes adotando cada um desses estilos diferentes de acordo com as circunstâncias.

Gampopa nos dá uma classificação de quatro tipos de amigos espirituais. Há a pessoa comum, o bodhisattva altamente realizado, o *nirmanakaya* e o *sambhogakaya*. O tipo de amigo espiritual que encontramos vai depender do nosso karma e conexões. Precisamos de karma e conexões excepcionais para encontrar e trabalhar com qualquer pessoa que não seja um ser comum. Gampopa explica:

> Ao encontrar mestres espirituais comuns, receber a luz de seus ensinamentos e fazê-la brilhar no caminho, a pessoa terá a oportunidade de ver os mestres espirituais superiores. Portanto, o benfeitor maior para nós é o mestre espiritual comum.*

---

* Gampopa, *Jewel ornament of liberation* [Ornamento da preciosa liberação], Capítulo 3. ("Comum" aqui significa uma pessoa que ainda não atingiu o primeiro nível de um bodhisattva.)

As qualidades dos gurus nirmanakaya, sambhogakaya e bodhisattva são extraordinárias, incluindo a demonstração de todos os tipos de poderes miraculosos. Para o amigo espiritual "comum", Gampopa lista várias qualidades:

> ... possui a ética moral de um bodhisattva; é doutrinado nos ensinamentos do bodhisattva; possui realização, compaixão e bondade, destemor, paciência e uma mente incansável; e é perito em expressão verbal.

Por fim, Gampopa diz que, em resumo, eles devem ser doutrinados no Mahayana e estar comprometidos com o voto de bodhisattva. Ele não menciona quanto conhecimento precisam ter. Uma vez que a maioria das pessoas nas sanghas hoje em dia já teve algum ensinamento sobre o Mahayana e fez o voto de bodhisattva, todos nós poderíamos nos sentir qualificados para desempenhar pelo menos algum papel no ensino de outras pessoas. Os gurus que construíram um contexto de sangha para seus alunos ajudam a revelar o professor em todos eles.

O capítulo 6 do livro *As palavras do meu professor perfeito*, do grande lama Nyingma Patrul Rinpoche, começa com a imagem de um navegador. Ele então entra em detalhes sobre como se deve examinar o professor antes de segui-lo até finalmente emular sua realização e ações:

> Da mesma forma que o tronco de uma árvore comum caído nas florestas das montanhas da Mālaya absorve o perfume de sândalo das folhas úmidas e dos galhos, também nos assemelharemos àquele a quem seguirmos.

Esse é o guru em seu papel de transmitir a influência (adhishtana) de sua presença e seu modo de ser. Isso pode ser chamado de carisma, o poder de impressionar e influenciar os outros. No próximo capítulo, discuto esse tipo de papel e como, embora nem todo professor espiritual tenha o dom da habilidade na expressão verbal, todos podem influenciar os outros por sua presença e modo de ser.

Enquanto Gampopa, em seu capítulo sobre o amigo espiritual, fala em termos de um guru Mahayana, Patrul foca inteiramente no guru tântrico. Ele diz:

> Com a degeneração dos tempos, hoje em dia é difícil encontrar um professor que possua todas as qualidades descritas nos tantras preciosos. No entanto, é indispensável que o professor que seguimos possua pelo menos as seguintes qualidades...

Ele então descreve um guru siddha perfeito que, entre muitas outras qualidades, "colocou em prática todas as qualidades extraordinárias da liberação e da realização, vivenciando o significado dos ensinamentos", e "deveria ensinar cada indivíduo de acordo com as suas necessidades e agir em conformidade com o que ensina". Patrul tem em mente um guru vajrayana que foi "induzido à maturidade por uma corrente de iniciações de amadurecimento, conforme estabelecidas nos tantras preciosos, que flui para ele por meio de uma linhagem contínua e ininterrupta". Em sua própria vida, Patrul conheceu muitos desses grandes gurus, por isso não é de se admirar que ele nos diga para nos concentrarmos neles. No entanto, como ele mesmo admitiu, mesmo em sua época, esses grandes gurus eram raros em comparação com outros que nada mais eram do que impostores. Ele descreve nepotismo, corrupção e "guias loucos" com pouco conhecimento e treinamento que "imitam os siddhas". Ele descreve esses gurus como "transbordando de raiva e inveja, quebram a linha vital do amor e da compaixão... e conduzem quem os segue por caminhos errôneos".

Espero e acredito que ainda hoje existam alguns gurus siddhas por aí, e alguns alunos que são capazes de se aproximar deles e absorver seu adhishtana, trabalhando em estreita colaboração com eles, servindo-os e recebendo seus ensinamentos e orientações, com a oportunidade de obter instruções essenciais diretas do professor para o aluno. Essa seria a situação ideal à qual todos devemos aspirar. É extremamente comovente e inspirador ler o relato de Tulku Sherdor sobre sua própria experiência de vida a esse respeito.*

Enquanto isso, podemos nos concentrar nas qualidades e histórias de vida dos grandes gurus como Buddha Shakyamuni, Guru Rinpoche, Yeshe Tsogyal e os grandes mestres de todas as linhagens para tomar como exemplos e nos abrirmos para seus adhishtanas. Todo esforço e cada aspiração (*pranidhana*) que fizermos terá seu efeito e anteciparão o momento em que nos aproximaremos de tais gurus nesta vida, em vidas futuras ou entre uma vida e outra.

O SIGNIFICADO DE UMA RELAÇÃO

Para mim, as relações mais importantes que tive com meus professores, em qualquer nível, desenvolveram-se a partir de um diálogo significativo e por meio de perguntas, com o objetivo de conectar os ensinamentos que recebi com minha própria experiência enquanto praticava. Esse tipo de relação precedeu qualquer tentativa da minha parte de vê-los como buddhas. Mesmo agora que tenho alguma compreensão do que isso pode significar, o diálogo, por mais breve que seja, ainda é o elemento mais vital naquilo que considero uma relação professor-aluno.

Ao longo da nossa jornada espiritual, as muitas pessoas que nos ajudam a caminhar em direção ao nosso objetivo desempe-

---

* Ver Tulku Sherdor, *A path strewn with flowers and bones* [Um caminho repleto de flores e ossos], Montreal: Blazing Wisdom Institute, 2009.

nham diferentes papéis de guru para nós. Nem todo guru desempenha todos os papéis, então precisamos encontrar outras figuras de guru para desempenhar os papéis restantes. Qual deve ser a nossa relação com todas essas pessoas? Parece que existem tantos tipos de relação professor-aluno quantos tipos de alunos e professores. Em geral, só precisamos aproveitar ao máximo qualquer relacionamento com um professor que esteja aberto e disponível a ensinar — ouvindo para receber sabedoria.

Uma vez que todos os nossos professores são o guru em princípio, nosso relacionamento com todos eles é significativo, mas não necessariamente pessoal. Muitas vezes, como na época do Buddha, as figuras de gurus trabalham juntas como uma comunidade sangha. Professores iniciantes assumem diferentes papéis para apoiar a atividade dos professores sêniores na mandala da sangha. Nosso relacionamento com todos eles deve ser harmonioso e respeitoso. Quanto mais abertos formos, mais eles poderão nos beneficiar.

Dito isso, todo o conceito de *guru* diz respeito ao despertar para a verdadeira natureza da mente. Portanto, os gurus mais intimamente envolvidos em ajudar que isso aconteça para nós em um nível pessoal são considerados os mais importantes de todos. No final, porém, o guru supremo é a verdadeira natureza da mente em si. Discutirei isso mais adiante nas seções sobre os papéis que os professores podem desempenhar.

Em países budistas, parece fácil para as pessoas se relacionarem com um monge, um praticante budista ou um professor, demonstrando respeito de uma maneira mais ou menos impessoal. Por exemplo, elas se curvam diante dos mantos de um monge ou monja devidamente ordenado que preserva a disciplina monástica, porque os monásticos corporificam o princípio do guru — uma linhagem que pode ser remontada até o Buddha. As pessoas não necessariamente se curvam a esse monástico como seu professor pessoal. Nem sempre é claro para nós, ocidentais, que isso não necessariamente indica qualquer coisa sobre o relacionamento pessoal entre eles.

Como o guru pode significar uma figura importante da linhagem que nunca encontramos antes, ou alguém que tomamos como exemplo, ou alguém que conhecemos brevemente e recebemos seu adhishtana, o que queremos dizer com a relação professor-aluno? Pode parecer que receber o adhishtana do guru não implica em uma relação pessoal. O perigo, então, é que tudo se torne impessoal demais e nada toque nosso coração. Por outro lado, quando somos tocados e descobrimos que queremos ter uma relação pessoal, isso pode se tornar egocêntrico demais. Evocamos todos os tipos de ideias, tais como o guru precisa ser uma pessoa com quem temos uma amizade mútua e acolhedora. Isso significa que o professor vai sentir por nós o que sentimos por ele? Essa ideia pode levar a uma busca obsessiva por sinais para saber se eles gostam de nós ou se nos aprovam, ficamos chateados se eles não estão interessados nas nossas pequenas manias e coisas do tipo. Aqui, corremos o risco de nossa ideia de "relacionamento" ficar muito pessoal.

No entanto, os textos nos dizem que devemos examinar o professor passando um tempo com ele, o que parece muito pessoal, mas nem sempre é possível. Nesse caso, o que devemos fazer? A resposta é que, uma vez que entendamos os princípios envolvidos, cada situação vai sugerir suas próprias soluções. Devemos ser adaptáveis e aceitar abordagens diferentes quando nos relacionamos com um professor humano. Caso contrário, podemos oscilar entre um modo pessoal demais de pensar para outro tão impessoal a ponto de tratar nossos professores com descortesia, sem consideração, como se eles não tivessem sentimentos humanos. O guru, em princípio, ama todos os seres igualmente, e está igualmente preocupado com todos os seres. Na prática, o guru como pessoa vive no seu próprio mundo (mandala) e é mais próximo de alguns do que de outros.

Toda mandala precisa do equilíbrio correto entre a dinâmica pessoal e impessoal dessa situação. Em outras palavras, podemos nos relacionar com o princípio do guru e considerar todos os relacionamentos que temos com os nossos professores como uma conexão pessoal, mas de uma forma um tanto impessoal. Isso é suficiente para se conectar com a mandala do despertar. Não quer dizer, porém, que não precisamos passar períodos significativos em um relacionamento pessoal mais acolhedor com ao menos um professor a fim de avançar no caminho.

Os textos nos dizem que, tendo encontrado um professor adequado, a fim de receber o efeito total do seu adhishtana, devemos nos dedicar inteiramente a ele, pensar nele como sendo o próprio Buddha, servi-lo, nunca duvidar dele e obedecer a cada palavra. Isso parece sugerir que estamos falando sobre um professor especial que é completamente iluminado. Para indivíduos raros que têm um karma excepcional, esse pode muito bem ser o caso, mas para todos os outros, a situação é mais complicada. Embora possamos ter a sorte de encontrar professores iluminados ou altamente realizados, é provável que não tenhamos acesso regular a eles. Aqueles que realmente se colocam à nossa disposição são aqueles que ainda estão no caminho. Como mencionado acima, mesmo na época do Buddha, a maioria dos discípulos passava a maior parte do tempo aprendendo com seus colegas que tinham mais experiência. Se interpretarmos os textos como querendo dizer que todos os nossos professores humanos são buddhas, com todas as qualidades sobre-humanas da perfeita iluminação, só traremos problemas para nós.

Então, por que os textos falam como se isso fosse o que deveríamos fazer? Em primeiro lugar, ao descrever a situação ideal, aprendemos qual deve ser a nossa aspiração mais elevada, mesmo que não possamos alcançá-la nesta vida. Em segundo, uma vez que todo professor corporifica o princípio do guru e nos conecta à mandala do despertar, é verdade que, ao nos relacionarmos com eles como tal, recebemos o adhishtana do Buddha. Em terceiro lugar, se formos honestos, reconheceremos o quanto estamos aquém do ideal como alunos. Ao abordarmos nossos professores com todas as nossas dúvidas, hesitações, confusões e insubordinações, nós o fazemos com genuína humildade e gratidão. Ao servirmos a quaisquer professores que tenhamos a sorte de ter com o respeito devido a um buddha, plantamos as sementes para encontrar o Buddha no futuro.

Os ensinamentos possuem matizes diferentes. Sim, pensamos que nossos professores humanos menos iluminados nos conectam ao adhishtana do Buddha, mas não, não tentamos projetar neles qualidades que ainda não manifestaram. Se o fizermos, é provável que fiquemos desapontados e desiludidos sem necessidade. Pior ainda, podemos tentar justificar e até mesmo imitar qualquer fraqueza ou comportamento disfuncional que eles exibam, acreditando que isso é o que significa "vê-los como Buddha". Mesmo que o ideal seja ter um professor totalmente iluminado a quem possamos nos dedicar e obedecer, na prática devemos ser realistas. Uma vez que a maioria dos professores, senão todos, que iremos encontrar ou com quem provavelmente iremos desenvolver um relacionamento pessoal ainda estarão no caminho, eles terão necessidades pessoais, manias e falhas. No entanto, as fraquezas humanas podem ser vistas pelo que são, tanto em nós mesmos quanto nos nossos professores, sem que isso negue ou prejudique a nossa fé nas boas qualidades das quais estamos nos beneficiando.

Talvez valha a pena chamar a atenção do leitor para o efeito das palavras que usamos a respeito de como nos sentimos e nos relacionamos com um professor. Os textos tradicionais já traduzidos soam como se devêssemos nos aproximar de um professor em potencial verificando suas credenciais, dando nossa aprovação, colocando-o em um pedestal e servindo-o constantemente para agradá-lo. No entanto, a relação professor-aluno é totalmente fundamentada no coração e em ouvir para receber sabedoria. É no coração que alguém responde às qualidades do guru e é atraído por elas. O que nos guia é uma noção intuitiva de confiança no nosso coração, uma noção de honestidade, abertura e compromisso com a verdade, bem como uma noção intuitiva daquilo que conduz à verdadeira felicidade e daquilo que não conduz. Nosso coração é que se torna um com o guru, nossa conexão de coração com o guru é que é a essência de qualquer relação genuína entre professor e aluno. É uma conexão que vai além de nascimento e morte.

PAPÉIS QUE UM PROFESSOR OU GURU PODE DESEMPENHAR

Quando os textos tradicionais listam as qualidades de um guru genuíno e nos dizem como nos relacionar com essa pessoa, parece que devemos procurar todas essas qualidades em uma única pessoa especial a quem devemos nos entregar e nos submeter. Uma vez que, na prática, o que acontece é que pessoas diferentes nos ajudam e nos inspiram de várias maneiras em diferentes estágios da nossa jornada, em vez de discutir a relação professor-aluno como se estivéssemos falando de um guru "como pessoa", meu olhar será para como nos relacionar com o princípio do guru, seja qual for a maneira com que ele se manifeste na nossa vida.

Não estou dizendo que devemos desistir de encontrar um guru a quem possamos pedir orientação e estabelecer uma relação pessoal. O que estou dizendo é que podemos olhar para os diferentes papéis que um professor pode desempenhar e podemos apreciar todos os nossos professores, seja qual for o papel que desempenhem. Existem várias maneiras de encontrar o equilíbrio certo entre o pessoal e o impessoal, entre o princípio e a pessoa. Poderíamos ter, por exemplo, um guru principal que nos dá orientações gerais e, em seguida, vários outros gurus que nos ajudam, desempenhando diferentes papéis para nós. Nosso relacionamento com cada um dependerá do papel que pedimos que desempenhem para nós. Ao longo dos anos, elaborei uma lista dos vários papéis que um professor pode desempenhar para nós.

A seguir, apresentarei brevemente cada um desses papéis e os descreverei com mais detalhes no Capítulo 3. No Capítulo 5, responderei a algumas perguntas feitas com frequência.

Dar um bom exemplo

Mesmo sem receber nenhum ensinamento formal, só de conhecer uma pessoa ou um praticante genuinamente realizado e observar como ele vive e pratica, ficamos impressionados e sentimos a aspiração de ser como eles. Respeitando e servindo-os de todas as maneiras que podemos, fortalecemos nossa conexão com eles. O relacionamento pode não ser bem o que pensaríamos de uma relação pessoal, mas pode ser intensamente pessoal de um ponto de vista impessoal! Estamos nos conectando e sendo influenciados pela presença onipresente de sua sabedoria pessoal, amor e compaixão.

Transmitir o adhishtana da linhagem

O poder de bênção da linhagem pode ser transmitido formalmente (por meio de algum tipo de ritual ou reconhecimento formal) ou, de modo informal, como parte de um processo natural que está acontecendo espontaneamente no curso de nossas interações gerais com eles.

Aceitar oferendas

A maneira de nos abrirmos para o adhishtana do guru e da linhagem é fazendo oferendas, o que significa que alguém precisa desempenhar o papel de aceitar as oferendas.

Dar instruções de introdução à verdadeira natureza da mente

Mesmo que apenas um praticante altamente realizado possa nos levar ao nível mais profundo de realização da verdadeira natureza da mente, aqueles com apenas uma boa compreensão muitas vezes podem nos ajudar a começar.

Autenticar a experiência e autorizar professores

Em algum momento, uma comunidade sangha deve decidir quem desempenha o papel de autorizar alguém a ensinar e em que nível.

Ensinar a doutrina do Dharma

Muitos professores se sentem à vontade somente para ensinar a doutrina, tal como os pontos de vista filosóficos das escrituras e os comentários. Incluo nesse papel os acadêmicos, bem como pessoas que dão palestras sobre o Dharma.

Dar instruções de prática

Alguns professores se veem mais como instrutores de prática do que como oradores públicos que dão palestras sobre o Dharma. Por exemplo, podem ser conhecidos por serem qualificados para ensinar certas práticas como atenção plena, meditação, preceitos, exercícios de yoga ou determinados ritos ou rituais.

Dar orientação espiritual pessoal

O que muitas pessoas mais precisam é de alguma orientação pessoal em termos de sua prática espiritual. Em outras palavras, alguém para pegá-las pela mão e ensiná-las quais devem ser os próximos passos no caminho para o despertar. Existem elementos neste papel que se assemelham ao que comumente é chamado de cuidado pastoral.

Conceder votos

O papel de testemunhar atos de compromisso, como os votos de refúgio e os votos do bodhisattva, é referido como o papel de um preceptor. Requer uma pessoa que tenha feito os votos da maneira correta e seja capaz de mantê-los bem. Por razões práticas, em uma determinada comunidade sangha, normalmente, espera-se que apenas os professores sêniores assumam esse papel.

Conduzir rituais

Embora alguns gurus realizem rituais apenas ocasionalmente ou nunca realizem, é comum no budismo tibetano, e em outras tradições budistas, que os gurus se ocupem principalmente com a realização de rituais.

Criar e sustentar uma situação da sangha

Nem todos aqueles que são qualificados, ou capacitados a ensinar e desempenhar o papel de guru, têm as habilidades e as oportunidades necessárias para criar ou liderar uma sangha, ou estão dispostos a participar da tarefa desafiadora de construir a sangha.

Atuar como mestre vajra e guru "desafiador"

Na tradição Vajrayana, é necessário um mestre vajra (*Dorje Lopon*) para dar abhisheka. Apresento isso aqui como uma categoria à parte porque, para muitas pessoas, esse é o papel definidor de um guru. Parece se dividir em três aspectos: o papel de dar abhisheka, o papel do guru siddha "desafiador" e o do guru não siddha "desafiador".

QUEM ESTÁ QUALIFICADO PARA SER UM PROFESSOR BUDISTA?

Após considerarmos os vários papéis que um guru/professor pode desempenhar para seus alunos, agora precisamos perguntar: quem são essas pessoas a quem nos referimos como gurus ou professores, e como eles se encaixam nas descrições tradicionais das qualidades que um guru genuíno precisa ter? Por um lado, qualquer pessoa que desempenhe algum desses papéis, *por definição*, é um guru. Por outro, as qualidades listadas para um guru genuíno são extraordinárias. Então, novamente, os autores das listas tradicionais admitem que é pouco provável que encontremos um guru nos dias de hoje que atenda aos mais altos padrões. Assim, eles acabam nos dando uma lista muito reduzida de qualidades. Dizem que, no mínimo, o guru deve ser uma pessoa bondosa capaz de nos ensinar algum Dharma. A ideia aqui é que ao servirmos e aprendermos com essa pessoa, pensando que dessa forma estamos servindo e aprendendo com o guru supremo, removemos os obstáculos para encontrar gurus mais qualificados no futuro.

Muitas pessoas afirmam ser professores budistas ou gurus, mas como saber o quanto são qualificados? Podemos supor que estamos falando sobre um conjunto estritamente definido de pessoas, mas será que estamos mesmo? Cada papel tem seus próprios requisitos específicos em termos de treinamento, experiência, realização e processo de autorização. O que significa *qualificado* depende da comunidade sangha que eles representam, de quais dos papéis de guru ou professor estamos falando, e em que nível um professor está autorizado a ensinar.

Na ausência de uma autoridade global no budismo, cada comunidade sangha precisa do seu próprio sistema de concessão de autoridade para ensinar. Tem que decidir se é necessário haver nomeação, quanto treinamento é necessário e se deseja desenvolver regras gerais sobre isso. Uma pessoa que busca orientação espiritual sem ter familiaridade (ou muita familiaridade) com qualquer tradição budista em particular, precisa ser capaz de julgar o quanto um professor ou guru é genuíno. Há perguntas importantes que ela precisa fazer, mas não há uma resposta direta para nenhuma delas.

Além disso, embora os textos tentem esclarecer quais qualidades um professor deve ter, não fica claro como podemos, na prática, julgar se uma determinada figura de guru tem essas qualidades. Por exemplo, na prática, podemos não ter muito contato pessoal com ele e, mesmo se tivéssemos, nosso julgamento provavelmente seria distorcido pela ignorância, confusão, projeção e distorção da realidade. Dizem-nos que, tendo recebido ensinamentos de um professor, não deveríamos mais duvidar dele. No entanto, como podemos saber que podemos confiar nele até que tenhamos recebido seus ensinamentos? Aprendemos quais qualidades são necessárias para ouvir um professor quando já recebemos os ensinamentos e, portanto, não devemos duvidar deles. É uma situação como a do ovo e da galinha. O que vem primeiro: entender quais devem ser as qualidades de um guru, ou encontrar um professor que incorpore essas qualidades? Não há respostas fáceis.

Porém, não vamos desanimar. Muitas situações na vida são assim. Como decidimos que tipo de parceiro ou de trabalho estamos procurando até encontrarmos um? Como conseguiríamos saber que encontramos o parceiro ou emprego certos, se não intuímos o que estávamos procurando? Assim como em outras áreas da nossa vida, existe um caminho a seguir por meio de tentativa e erro. Um bom lugar para começar é examinar todos os diferentes papéis que um guru pode assumir para nós e ver, na prática, como e por quem esses papéis podem ser desempenhados na nossa vida.

Por exemplo, se nos aproximamos com abertura de pessoas que têm amor e compaixão com a intenção de receber o adhishtana das suas qualidades, seremos influenciados por elas. Elas terão desempenhado um dos papéis de guru para nós.

Do ponto de vista do objetivo final do budismo, o papel mais importante do professor é a transmissão que ajuda o aluno a realizar a verdadeira natureza da mente. Como mencionado anteriormente, apenas os praticantes genuínos que possuem um nível profundo de realização (isto é, os yoguins realizados) podem transmitir tal realização a outros. Somente um praticante realizado é capaz de reconhecer a realização em outra pessoa. Como é que alguém será capaz de avaliar onde, no espectro dos professores budistas, um determinado professor pode estar? Outra questão é, no espectro de possíveis professores, quão avançado precisamos que nosso professor ou professores sejam? Não precisamos de um nível de experiência muito além do nosso.

Falamos em termos de qualificações para ensinar, pois o que não queremos são impostores e charlatães, ou mesmo aqueles que desconhecem suas próprias limitações. Como o Buddha explica no *Canki Sutta* (que discuto no próximo capítulo), precisamos ter certeza de que nossos professores não vão dizer que sabem alguma coisa quando não sabem. Talvez para um professor essa seja a qualificação mais importante de todas. Se tivéssemos a oportunidade, poderíamos questionar diretamente um professor sobre suas qualificações. No entanto, os professores budistas costumam ser tímidos. É improvável que digam: "Sim, sou um professor espiritual altamente realizado em quem você pode confiar para ser capaz de iluminá-lo". Mesmo se dissessem tal coisa, soaria altamente duvidoso, não é? Em vez disso, eles tendem a ser evasivos e tendem a se referir à confiabilidade de sua linhagem e à sua conexão com seus próprios professores, e não assumem para si qualquer realização profunda. Mesmo o mais eminente dos professores budistas tende a fazer isso, dizendo que é discípulo ou seguidor de um professor reconhecido por ser um guru genuíno. Podem dizer que pertencem a uma linhagem de gurus altamente renomados.

À primeira vista, tal afirmação soa como um sinal seguro de autenticidade, mas pode significar uma série de coisas. Alguém pode simplesmente ter tido um único ensinamento ou uma conversa com um professor de uma linhagem genuína, enquanto outro pode ser um discípulo perfeito que recebeu a transmissão completa da linhagem, como um recipiente cheio vertendo seu conteúdo para outro; alguém que afirma ter uma conexão com uma linhagem genuína pode estar em qualquer lugar do espectro entre esses dois extremos. Como fazer para investigar mais a fundo, a fim de descobrir em que ponto desse espectro qualquer professor está?

A reputação entre outros professores e praticantes desempenha um papel importante aqui. No entanto, mesmo se recorrermos a outros professores e colegas mais experientes e pedirmos que recomendem alguém, pode haver armadilhas. Para evitar falar mal de alguém, um professor ou colega pode responder de forma vaga e incompleta, em vez de realmente nos alertar sobre um professor que considere não qualificado.

Podemos pensar que deve ser possível saber o quanto um professor é qualificado a partir de seu lugar na hierarquia institucional da tradição budista. Isso geralmente é indicado pela altura do seu trono, os mantos que usa, quantos alunos ou centros ele tem, e assim por diante. Uma vez que todas essas coisas podem ser, e são, adotadas pelas pessoas sem nenhuma pretensão especial de ser um professor qualificado, devemos ter cuidado e examinar uma combinação de fatores antes de colocar nossa confiança em alguém. Até a reputação pode enganar — reputação entre que tipo de pessoas?

Nos países budistas, as pessoas aprendem com o meio cultural. Isso traz suas próprias dificuldades, mas pelo menos elas têm mais dicas para seguir do que aqui no Ocidente, onde a tradição budista está apenas começando a se estabelecer. Por exemplo, uma pessoa de uma cultura budista consegue saber a quem os yoguins mais experientes procuram para se aconselhar e obter instruções, o que significa que conseguem saber com certeza quem está no topo da hierarquia espiritual. Esses yoguins não ocupam necessariamente uma posição elevada ou óbvia dentro de qualquer estrutura institucional, por isso são difíceis de identificar sem o conhecimento das fontes do que se poderia chamar de "rede de yoguins".

O resultado de toda essa falta de clareza é que nós, buscadores espirituais, devemos confiar nos nossos instintos e na nossa intuição, enquanto gradualmente nos conscientizamos sobre algumas das complexidades e armadilhas de trabalhar com uma figura de guru de qualquer tipo. Mesmo que a relação professor-aluno seja tão vital para o caminho espiritual, para um iniciante na tradição, e mesmo para alunos que já estudam há décadas, a situação pode ser dolorosamente confusa.

2. Autoridade espiritual no budismo

Agora vou me voltar para o contexto mais amplo da relação com um professor budista, delineando alguns dos antecedentes históricos, dando exemplos das escrituras que nos dizem como escolher e trabalhar com um professor, e discutindo como ocorrem a genuína compreensão, experiência e realização, e como são validadas com a ajuda de um professor. Tudo isso está relacionado com a forma como os professores são autorizados, e como o processo de autorização de professores se desenvolve nas sanghas budistas ocidentais.

AUTORIDADE ESPIRITUAL: UMA PERSPECTIVA BUDISTA

Durante a vida do Buddha, a autoridade espiritual recaía sobre o próprio Buddha e em seus discípulos iluminados. Reginald Ray, praticante, acadêmico e autor budista estadunidense, refere-se em seu livro inovador, *Buddhist saints in India*, ao modo de vida desses seres como sendo o de renunciantes errantes da floresta.*

---

* Reginald Ray, *Buddhist saints in India: a study in buddhist values and orientations* [Santos budistas na Índia: um estudo sobre os valores e orientações budistas] (Nova York: Oxford University Press, 1994).

Aqueles a quem ele se refere como santos, eu me refiro como yoguins realizados ou siddhas. Gradualmente, durante e após a vida do Buddha, os renunciantes na Índia, tanto hindus quanto budistas, começaram a deixar de viver e praticar em isolamento para viver em monastérios, ou *viharas*, mais perto das cidades e vilas, onde era mais conveniente para as pessoas chegarem com oferendas e receberem ensinamentos. Dessa forma, os leigos poderiam facilmente sustentar grande número de renunciantes. Com o tempo, os ensinamentos foram escritos e os monastérios tornaram-se repositórios de bibliotecas e aprendizagem (assim como na Europa medieval). Desenvolveu-se um estilo de vida altamente organizado e ordenado dentro e em torno do monastério, contrastando acentuadamente com os estilos de vida mais livres e mais espontâneos dos renunciantes errantes da floresta.

Surgiu uma tensão entre os valores e estilo de vida dos monásticos sediados em monastérios e os renunciantes errantes iluminados da floresta. Isso foi semelhante ao que aconteceu no cristianismo e outras tradições religiosas. A autoridade espiritual entre os renunciantes da floresta baseava-se no nível de realização de cada "santo", ou yoguin, que então se tornava um guru para seu círculo de discípulos. A autoridade espiritual dentro dos monastérios tendia a ser institucionalizada em uma hierarquia de cima para baixo, baseada em nomeações para posições específicas. O aprendizado acadêmico se presta facilmente a esse sistema, assim como a disciplina monástica. Os monges e os alunos não necessariamente escolhem seus professores; eles são nomeados pela hierarquia institucional. Isso não quer dizer que não poderia haver guias espirituais independentes, ou gurus, atuando dentro dos monastérios; um santo ou guru budista pode atuar em uma variedade de contextos. Todavia, surgiu um padrão, que foi herdado pelo budismo tibetano, de monásticos sediados em monastérios, sustentados por leigos que viviam nas comunidades locais. Uma das funções mais importantes dos monastérios era e é a realização de rituais, com o intuito de beneficiar os patronos e a comunidade como um todo. Tipicamente, os monastérios eram responsáveis pela educação tanto dentro do monastério quanto da comunidade, bem como pela produção e pela preservação de textos.

Uma categoria de praticantes separada dos monges eram os yoguins, como Milarepa, operando fora da estrutura monástica, reunindo seus próprios círculos de discípulos e transmitindo a tradição oralmente ao treinar yoguins para seguir seus passos. Esses yoguins podiam viver em lugares ermos, em cidades, como chefes de família, ou em monastérios, como abades e/ou eruditos.

O que emergiu foram três tipos principais de instituições com funções diferentes. Existem os templos e monastérios onde os monges são educados em relação às práticas básicas, como disciplina moral e a realização de rituais; e existem os *shedras* (faculdades) onde são realizados estudos superiores e concedidos o equivalente a doutorados acadêmicos. Existem também os *drubkangs* (centros de retiro) onde as práticas de meditação são ensinadas e praticadas em profundidade, geralmente em grupos, em retiros de três anos. Diferentes tipos de professores são empregados em cada um desses três tipos de instituições.

Hoje, no Ocidente, temos um novo tipo de instituição chamada centro de Dharma, que tenta incorporar todas essas funções em um grau maior ou menor. Os centros tendem a ter uma sala de meditação com um altar para dispor objetos sagrados, algumas acomodações e, possivelmente, um ou dois monásticos residentes. A maioria dos membros da sangha associados ao centro de Dharma não são monásticos, e não se veem como leigos, que estão lá para servir e sustentar os monásticos. Está surgindo um modelo que não é o modelo dos dois níveis de monges e leigos que cresceram perto das aldeias e cidades da Índia antiga, mas mais parecido com o padrão original dos yoguins errantes cercados por seus discípulos. A diferença tende a ser que, hoje em dia, os dirigentes dos centros são em geral nomeados pelos dirigentes de monastérios da Ásia.

O modelo do renunciante da floresta é uma reminiscência dos padres cristãos do deserto, que eram eremitas vivendo às margens da sociedade, fora da hierarquia institucional do sacerdócio. Esses padres eram guias espirituais, e até mesmo as pessoas na hierarquia sacerdotal iam ao encontro deles e reconheciam sua autoridade espiritual, mesmo que não fossem ordenados. A autoridade dos padres do deserto derivava basicamente da sua reputação. Isso é semelhante ao modo como a tradição budista tibetana sempre funcionou e ainda hoje funciona.

Ray argumenta que, assim como os escritores de textos e comentários, os monges budistas eruditos reescreveram sistematicamente os valores e a orientação do budismo inicial em favor de seu estilo de vida disciplinado e sediado em monastérios. Tendiam a considerar o estilo de vida do renunciante como uma opção excepcional ou inferior. A autoridade espiritual foi transferida do professor errante iluminado, a modalidade que o Buddha demonstrou, para os monges eruditos dentro da hierarquia organizacional monástica. Quando a ênfase mudou, possivelmente surgiram situações em que os pontos de vista e os valores dos monásticos poderiam realmente entrar em conflito com os dos professores iluminados.

A tendência em muitos estudos modernos é presumir que a autoridade espiritual no budismo está nos monásticos que ensinam e são sustentados por leigos — em outras palavras, o modelo duplo. Ray desafia esse modelo duplo de autoridade espiritual e, em vez disso, fala da existência do modelo triplo descrito acima, que inclui yoguins ao lado de monges e leigos. Ainda assim, pouco se escreveu sobre essa categoria de pessoas, mesmo nos textos tradicionais. Sem os yoguins, acredito que nossa tradição estaria espiritualmente perdida, ou até mesmo espiritualmente morta. Homens e mulheres, essas pessoas viviam às vezes dentro e às vezes fora das instituições monásticas, seguindo vários estilos de vida, desde eremitas errantes a chefes de família, ou mesmo detentores de altos cargos. Ray comenta acerca desses "santos", ou pessoas iluminadas, levando vidas exemplares e demonstrando conhecimentos e poderes espirituais extraordinários.

O modelo duplo do monge e leigo por vezes ofuscou a visão da relação guru-discípulo e do contexto da prática yóguica, que pode ser remontada aos primórdios da época do Buddha. Esse é particularmente o caso da tradição Theravada, que domina a cultura budista em grande parte do sudeste asiático. Isso não quer dizer que a relação guru-discípulo esteja ausente nesses países, mas sim que foi amplamente inserida no ambiente monástico.

A situação é semelhante no budismo tibetano, que também tem o monge erudito em alta consideração. No entanto, como nos países onde a tradição Theravada predomina, as pessoas iluminadas é que são consideradas as verdadeiras fontes de autoridade espiritual. Qualquer pessoa que corporifique tanto o aprendizado acadêmico quanto a realização yóguica (como meu professor Khenpo Tsultrim Gyamtso Rinpoche) é especialmente tida em grande consideração. Realização yóguica aqui não significa simplesmente manter-se em retiro por longos períodos: é preciso haver evidências de realização yóguica, e isso é algo que não é fácil para uma pessoa não iluminada julgar. Portanto, a questão de como a realização de um yoguin é autenticada é crucial.

COMO ESCOLHER UM PROFESSOR ESPIRITUAL: O *KALAMA SUTTA*

Para uma pessoa não iluminada, sempre existiu o dilema de como escolher sabiamente um professor para si mesmo. Na Índia antiga, desde a época do Buddha em diante, havia muitos professores oferecendo perspectivas e argumentos concorrentes. Como alguém poderia se proteger de professores e ensinamentos falsos ou equivocados? Dois suttas, ou sermões, do Buddha fornecem orientações que nos auxiliam sobre essa questão.

No *Kalama Sutta*, um grupo de membros do clã denominado Kalamas está em dúvida sobre qual, entre os vários professores que visitaram sua cidade, estava falando a verdade. Pediram a opinião do Buddha, evidentemente desejando orientação, em especial quanto à existência ou não de vidas futuras, e se as ações que realizamos nesta vida nos trarão felicidade em alguma vida futura.

Em resposta à sua pergunta inicial, o Buddha fez a famosa declaração:

> "Não se deixem levar por repetidos relatos; pelas tradições; pelos rumores; pelo que está nas escrituras; pela razão, pela inferência; pelos postulados; pelos raciocínios ilusórios; pela tendência de acreditar em ideias que foram cogitadas; pela aparente competência de alguém; pelo pensamento de que 'o (contemplativo) monge é o nosso professor'.
>
> Kalamas, quando entenderem por si mesmos que: 'Essas qualidades são inábeis; essas qualidades são culpáveis; essas qualidades são passíveis de críticas pelos sábios; quando postas em prática e observadas, essas qualidades conduzem ao mal e ao sofrimento', então, vocês devem abandoná-las."*

Muitas vezes isso foi interpretado como "Não precisamos de um professor. Não precisamos de uma tradição. Não precisamos de uma instituição. Não precisamos das escrituras. Vamos apenas seguir nossa própria percepção do que parece certo."

No entanto, essa frase "a tendência de acreditar em ideias que

---

* Aṅguttara Nikāya 3.65. Em português, https://www.acessoaoinsight.net/sutta/ANIII.65.php

foram cogitadas", quando refletimos sobre seu significado, percebemos na verdade que o Buddha estava alertando os Kalamas contra simplesmente seguir aquilo que "parece certo".

O Buddha não deixa muito espaço para interpretações aqui. Ele prossegue com uma abordagem questionadora, lembrando aos membros do clã que eles já entendem que a cobiça, o ódio e a delusão não conduzem à felicidade e ao bem-estar, não são "aprovados pelos sábios" e, portanto, devem ser abandonados em favor dos opostos dessas qualidades.

De modo geral, na sociedade, "os sábios" são aqueles conhecidos por sua reputação entre aqueles que têm a reputação de serem sábios. Embora isso pareça uma regressão infinita, no fim, entre os vários fatores que estão em jogo em qualquer processo de autenticação, com certeza é a reputação que conta, como na revisão por pares em toda a ciência e a cultura ocidentais. É compreensível para nós que o Buddha sugira que o julgamento dos Kalamas seja moderado pela aprovação dos sábios.

O Buddha segue este primeiro ponto com um breve ensinamento sobre as quatro incomensuráveis — bondade amorosa, compaixão, alegria e equanimidade infinitas que permeiam a totalidade do espaço. Ele explica que uma pessoa com uma mente livre de raiva e aberta a essas quatro incomensuráveis viverá livre de sofrimento nesta vida e nas vidas futuras. No entanto, se os Kalamas não acreditarem em vidas futuras, mesmo assim, viver com uma mente livre de raiva é conducente à felicidade nesta vida. Se acontecer de haver vidas futuras, então eles ainda fizeram a coisa certa para garantir que serão felizes nessas vidas também!

Bhikkhu Bodhi explica que o Buddha está conduzindo os Kalamas por um processo de validação.* Primeiro, o Buddha os

---

* Bhikkhu Bodhi, *Revendo o Kalama Sutta*. Em português, https://www.acessoaoinsight.net/arquivo_textos_theravada/ensaio9.php

encoraja a reconhecer uma verdade, cuja validade eles podem atestar por si mesmos. Em seguida, o Buddha dá uma amostra do seu próprio ensinamento para ser experimentado e testado, o que é um meio eficiente de alcançar a felicidade e o bem-estar. Com uma confiança temporária em seu ensinamento, os Kalamas poderão se tornar seus discípulos. Ao praticar o que o Buddha ensina, podem finalmente chegar à confiança no poder libertador das suas palavras que é baseado na experiência. Eles estarão dispostos a aceitar com confiança os princípios que o Buddha oferece, que estão além da sua própria capacidade imediata de verificação (tal como as vidas futuras). Assim, a confiança no professor é baseada na confiança nos ensinamentos, até que o genuíno conhecimento e a experiência surjam no discípulo. Eles então chegarão ao ponto em que sabem que certas coisas "postas em prática e observadas" realmente conduzem ao "mal e ao sofrimento" e podem abandoná-las com base nessa certeza. É uma mensagem clara para prosseguir com confiança no sábio, em direção a um lugar de confiança no seu próprio conhecimento.

O PROCESSO DE TRABALHAR COM UM PROFESSOR GENUÍNO: O *CANKI SUTTA*

O *Canki Sutta* é outro sutta que aborda a questão da confiança e começa com uma pergunta de um jovem brâmane, Kapadika, que quer saber como despertar e finalmente alcançar a verdade.

A pergunta de Kapadika é: "Mestre Gautama, com relação aos antigos hinos dos brâmanes passados por transmissão oral e incluídos em seu cânone, os brâmanes chegaram à conclusão definitiva de que 'Somente isto é verdadeiro; todo o restante é falso'. O que o mestre Gautama tem a dizer sobre isso?"*

---

* *Canki Sutta*, em português, https://www.acessoaoinsight.net/sutta/MN95.php

Em primeiro lugar, o Buddha pergunta a Kapadika se algum dos professores brâmanes, ou professores dos seus professores nas últimas sete gerações, de fato disse: "Eu conheço isto, eu vi isto; somente isto é verdadeiro; todo o restante é falso". A resposta é não. O Buddha então pergunta se algum dos brâmanes videntes que criaram os antigos hinos fizeram a mesma afirmação. Novamente, a resposta é não. O Buddha então compara todas essas autoridades com um cego guiando outro cego.

Em seu primeiro sermão sobre as quatro nobres verdades, como foi relatado no *Dhammacakkappavattana Sutta*, o Buddha afirma categoricamente, para cada uma das verdades, que elas são verdadeiras, podem ser validadas e ele as validou.*

Em outras palavras, "Eu conheço isto". Este é um outro nível de autoridade, diferente de simplesmente repetir afirmações inspiradoras, tal como os hinos, e tomá-las como autoridade por mera convicção, forte crença ou opinião.

Kapadika então defende a autoridade espiritual de uma tradição ininterrupta — os hinos foram transmitidos como parte de uma tradição. A resposta do Buddha a isso foi dizer que há cinco coisas que tendem a ser consideradas como autorizadas, mas não são confiáveis (literalmente, "que podem acabar de duas maneiras").** São elas: conhecimento baseado na fé, preferência, tradição ininterrupta, raciocínio por analogia e concordância por meio da cogitação de ideias.

O Buddha explica que algumas coisas firmemente aceitas pela fé acabam se revelando falsas, enquanto coisas não firmemente aceitas pela fé se revelam verdadeiras. Da mesma forma, os elementos que vêm de uma tradição ininterrupta podem

---

* Traduzido por Thanissaro Bhikkhu, *Dhammacakkappavattana Sutta: colocando a roda do Dharma em movimento* (SN 56.11); em português, https://www.acessoaoinsight.net/sutta/SNLVI.11.php

** Thanissaro Bhikku, *Canki Sutta*.

acabar sendo vãos, vazios e falsos, enquanto algumas coisas que não são tradições ininterruptas podem ser verdadeiras, genuínas, factuais e certas. O Buddha, portanto, alerta Kapadika para sempre ter cuidado ao qualificar qualquer afirmação que fizer com esclarecimentos do tipo: "É essa a minha crença" ou "Isso é o que eu gosto de pensar", "Essa é a tradição", "Esse é o raciocínio que eu uso", para salvaguardar a verdade. Nos círculos acadêmicos, chamamos isso de a necessidade de manter a objetividade, evitar exageros na nossa argumentação, respaldar nossas declarações com nossos recursos. Para o Buddha, uma afirmação de autoridade objetiva pode ser feita por alguém como ele que tem a validação da experiência efetiva por meio do conhecimento, da compreensão da realidade última e da realização da iluminação. Há uma grande diferença entre esse tipo de conhecimento genuíno e uma simples crença, ou uma suposta tradição ininterrupta.

As tradições budistas muitas vezes afirmam que seus ensinamentos vêm do Buddha em uma linha ininterrupta de conhecimento e experiência, passada de professor a discípulo até a geração presente. As instruções de introdução à natureza da mente, os preceitos monásticos, os votos do bodhisattva, as iniciações tântricas (Vajrayana), as leituras rituais de textos, os rituais em torno de templos, estupas e imagens abençoadas e assim por diante são louvadas como provenientes de uma tradição ininterrupta. O Buddha alega que, embora seja possível que uma transmissão ininterrupta de conhecimento e experiência possa ter ocorrido, como podemos ter certeza? Em algum lugar ao longo dessa linha, o conhecimento e a experiência poderiam ter se perdido. Portanto, essa afirmação por si só é insuficiente. Devemos considerar outros fatores também.

Kapadika então pergunta ao Buddha o que é o genuíno "Despertar para a Verdade". O Buddha explica os primeiros passos: primeiro, é preciso encontrar um professor de boa reputação. Ao conhecê-lo, é preciso verificar se há algo no comportamento corporal ou verbal do professor que mostre sinais de cobiça ou aversão, ou evidências de delusão a ponto de dizer "Eu sei" quando não sabe, ou "Eu vejo" quando não vê. Em outras palavras, integridade, honestidade e confiabilidade devem ser evidentes em uma pessoa, caso se esteja considerando aceitá-la como uma autoridade espiritual.

O Buddha sugere que, se assim for, quando o Dharma sendo ensinado é "profundo, difícil de ser visto, difícil de ser compreendido, pacífico, sublime, não pode ser alcançado pelo mero raciocínio, sutil, para ser experienciado por um sábio", então essa é mais uma evidência da autenticidade do professor. Esse tipo de Dharma não pode ser facilmente ensinado por alguém aprisionado pela cobiça, pela raiva ou pela delusão.

O Buddha continua afirmando que, tendo encontrado o que parece ser um professor genuíno, é preciso depositar confiança nele, visitá-lo e passar tempo em sua companhia. Dessa forma, a pessoa pode ouvi-lo e ouvir o Dharma. A seguir, deve examinar o significado e chegar à aceitação desses ensinamentos com base na reflexão e, assim, deixar brotar a intenção sincera e a aplicação da sua vontade.*

Intenção sincera e aplicação da vontade são centrais em todo o processo. O tipo de desejo, intenção ou aspiração descrita aqui é o que chamo de desejo do coração. O desejo pelo que é falso ou irreal é o que causa sofrimento, mas o desejo pela verdade gera força de vontade, e a pessoa é capaz de examinar cuidadosamente e se esforçar. O aluno então "com resoluto esforço, realiza com o corpo a verdade suprema, vendo-a e penetrando-a com sabedoria".**

---

* Sânscrito: *chanda*; tibetano: *dunpa*.
** Thanissaro Bhikku, *Canki Sutta*.

Aqui, o Buddha está falando sobre o que eu chamaria de processo yóguico. No budismo, como em outras religiões orientais, a palavra yoga (*naljor*) é usada para se referir ao processo de união com a verdadeira natureza da realidade, trabalhando com um guru para absorver seu adhishtana por meio de vários exercícios mentais e físicos e/ou rituais. Pressupõe uma vida altamente disciplinada, dedicada a abandonar o apego, a fim de atingir a realização interior da liberação. Este processo transforma todo o ser do yoguin — corpo, fala e mente —, e a referência do Buddha de "realizar com o corpo" neste contexto destaca que não se trata de mero conhecimento intelectual. Esse processo influencia todo o ser da pessoa, e ela se torna a corporificação viva dele.

Kapadika insiste em perguntar como alguém chega à realização final ou ao conhecimento da verdade. O Buddha reitera as mesmas qualidades: confiando, visitando e assim por diante. Kapadika questiona qual seria a qualidade que mais nos auxilia a alcançar a realização final, e o Buddha diz que é o esforço. Quando questionado sobre o que mais auxilia o esforço, o Buddha diz que é o exame cuidadoso e assim por diante, retomando passo a passo toda a sequência de visitar, ganhar confiança na honestidade do professor e na profundidade e na sutileza de seus ensinamentos. É uma configuração elegante de todos os passos necessários.

Kapadika então afirma que admira e concorda com o que o Buddha disse, cuidadosamente, sem cair na armadilha de afirmar que sabe que é verdade! Inspirado pelo amor, confiança e respeito pelos contemplativos, ele toma refúgio no Buddha, no Dharma e na Sangha.

A IMPORTÂNCIA DO DIÁLOGO

Revendo esses primeiros textos, descobrimos que o diálogo é o modelo padrão para uma relação aluno-professor. Existem exemplos do Buddha dando diretrizes, mas não de sua insistência em obediência. O comprometimento com ele como guru consistia em tomar decisões com consciência e serenidade, e não uma submissão cega à autoridade espiritual de alguém para sempre. Tratava-se de uma aceitação temporária da orientação espiritual pelo tempo que fosse necessário para chegar ao nível de realização do professor. É preciso confiar o suficiente no professor para ser capaz de trabalhar em estreita proximidade com ele, ouvindo com atenção e tentando entender os ensinamentos e, só então, decidir se os aceitamos ou não. O professor não pode fazer isso por nós, e apenas seguir ordens não é necessariamente a coisa certa a fazer.

O Buddha exemplifica o guia espiritual perfeito ou guru, mas ele só afirmou que tendo validado a verdade, podia mostrar como conseguiríamos fazer o mesmo. Ele pode nos mostrar o caminho, mas cabe a nós segui-lo. É nossa responsabilidade decidir se devemos seguir esse caminho ou não. Fazemos o que o Buddha ou o professor nos diz para fazermos porque, após um exame cuidadoso, decidimos que concordamos com o que dizem. Só assim seremos capazes de compreender por nós mesmos. A fé cega e a obediência às vezes podem ser bem colocadas e úteis, mas não necessariamente. Ambas poderiam facilmente levar ao abuso, ao sectarismo e à perda de confiança no nosso próprio julgamento.

A VALIDAÇÃO DA NOSSA EXPERIÊNCIA

Em certo sentido, validamos a transmissão para nós mesmos na nossa própria experiência. Reconhecemos um conhecimento interior que nos diz que entendemos algo ou compreendemos de modo mais profundo. Assim que tivermos a realização final, saberemos disso no nosso próprio ser. Será então que precisamos que ela seja validada por outra pessoa que confirme aquilo que realmente entendemos ou absorvemos da verdade, à medida que avançamos? Na ausência de tal processo de validação, existe o perigo de pensarmos que entendemos alguma coisa antes de termos de fato entendido. Além disso, mesmo tendo entendido alguma coisa, continuamos duvidando e percorrendo o mesmo ciclo de compreensão e dúvida por anos. Um professor, ao confirmar nossa compreensão, experiência e/ou realização, nos permite abrirmo-nos para ela com confiança e avançarmos para o próximo estágio.

Podemos inadvertidamente escolher um professor que pensamos ter mais realização do que realmente tem. Como diz o Buddha no *Canki Sutta*, há algo no comportamento do professor que sugere que ele possa dizer que sabe uma coisa, quando não sabe? Cabe a você usar seu discernimento sobre isso. Além do mais, mesmo se nosso professor tivesse a realização final, ele poderia morrer antes que também a realizássemos, e então quem validaria isso para nós? Aqui, como em outros lugares, podemos descobrir que precisamos de um professor ou professores para desempenhar essa função para nós. Eles não precisam desempenhar nenhum outro papel para nós. Por outro lado, é difícil para um professor desempenhar o papel de validar a nossa experiência sem que estejamos dispostos a trabalhar de perto com ele, pelo menos por um tempo.

A REDE DE YOGUINS

Embora seja função do guru validar a nossa compreensão e experiência, o que isso significa na prática? Agora, como no passado, quando se trata de autoridade espiritual genuína, temos que confiar nos yoguins renomados entre os yoguins. A desvantagem para nós no Ocidente é que muitas vezes estamos mal-informados ou informados incorretamente, não temos conhecimento de uma rede de yoguins. Por rede de yoguins, quero dizer a rede de colegas dentro do universo dos praticantes yoguins que vão responder uns pelos outros quanto ao nível de suas obtenções e realizações. Fora isso, os yoguins não são facilmente identificados e podem levar qualquer estilo de vida. Aqueles a quem os yoguins reconhecidos e confiáveis buscam orientação espiritual estão claramente no topo da hierarquia da autoridade espiritual. Os yoguins podem ser monásticos ou não, ou podem ter altos cargos na hierarquia social. Suas reputações são estabelecidas de boca a boca, principalmente nos comentários daqueles que já são conhecidos por serem grandes praticantes.

Como o Buddha explicou, os sábios são aqueles a quem precisamos ouvir, e um yoguin realizado tem a sabedoria do tipo mais importante. Yoguins altamente realizados reconhecem as qualidades espirituais de outros yoguins diretamente, naquilo que parece ser uma transmissão natural de mente para mente. Por exemplo, Khenpo Tsultrim Gyamtso Rinpoche fez um relato interessante sobre o encontro com Trungpa Rinpoche, lançando luz sobre como um yoguin altamente realizado reconhece outro.*

Eles passaram um tempo juntos quase sem trocar palavras. No entanto, depois disso, cada um relatou independentemente que havia conhecido outro yoguin, sendo que Khenpo Tsultrim Gyamtso Rinpoche descreveu esse encontro como se estivesse encontrando sua própria mente.

Pessoas comuns não iluminadas não podem validar o ensinamento e a experiência de um yoguin iluminado, e a conduta

---

* *Pure and all Pervading: a conversation with Khenpo Tsultrim Gyamtso Rinpoche*, The chronicles of Chögyam Trungpa Rinpoche, [Puro e todo-penetrante: uma conversa com Khenpo Tsultrim Gyamtso Rinpoche, As crônicas de Chögyam Trungpa Rinpoche], 17 de setembro de 2003. http://www.chronicle-project.com/interview-with-khenpo-tsultrim-gyamtso-rinpoche/.

de um yoguin é muitas vezes extremamente difícil de compreender. Eles podem exibir um comportamento estranho, tal como insanidade ou regressão à infância, à medida que passam pelo processo yóguico. Ninguém pode julgar tal comportamento pelos padrões morais normais.

A principal dificuldade em afirmar categoricamente como a validação funciona no budismo é que o processo de transmissão, por natureza, não pode ser institucionalizado ou estruturado. O processo de transmissão não acontece dentro da nossa estrutura usual de tempo ou espaço, e está além dos conceitos de eu e outro. Podemos experienciar isso como uma grande explosão de energia em um momento de grande intensidade que, a seguir, se espalha para o resto da nossa vida. Essa intensidade poderia facilmente quase nem ser vivenciada além de um aprofundamento significativo da nossa compreensão ao longo do tempo.

COMO PESSOAS NÃO ILUMINADAS PODEM PROTEGER UMA LINHAGEM DE TRANSMISSÃO

Se as pessoas comuns não iluminadas não podem validar a realização dos yoguins realizados, será que podem pelo menos validar até certo ponto a experiência e a compreensão umas das outras? Será que conseguem fazer alguma coisa para proteger uma linhagem de transmissão genuína? Acredito que, na prática, há muito o que as pessoas comuns não iluminadas podem fazer para proteger e validar os ensinamentos e validar a experiência e a compreensão umas das outras, contanto que tenham clareza sobre o que estão em posição de julgar e o que não estão.

Hoje em dia, no Ocidente, qualquer corpo de alunos reconhecido em torno de determinado professor budista ou grupo de professores é denominado sangha (seja monástica ou não).

Conforme o tempo passa, os membros da sangha comprometidos com boa compreensão e experiência precisam ser diferenciados dos alunos menos comprometidos que vêm e vão, e cuja compreensão e experiência ainda são questionáveis. Títulos, insígnias de vários tipos, cerimônias de admissão e a admissão formal do comprometimento com as regras são usados para evidenciar aqueles que representam e incorporam a visão e os valores daquela sangha em específico. São aqueles a quem o restante da sangha se volta em busca de orientação e ensinamento. Eles assumem vários papéis de guru, conforme descrito anteriormente. Essas são as pessoas que criam uma sangha para que outras pessoas se juntem e ajudem a mantê-la.

Uma vez que são reconhecidas como representantes de determinada visão, valores e ethos dessa sangha, essas pessoas têm uma responsabilidade especial em termos de validar os ensinamentos e a experiência daqueles que nela ingressam. No entanto, a menos que continuem a praticar e aprofundar sua compreensão e experiência, sua capacidade de corporificar tudo isso será cada vez mais limitada. Isso deve ser claramente entendido por aquele núcleo interno da sangha. Agir como se tivessem mais conhecimento, experiência ou compreensão do que realmente têm seria uma paródia daquilo que representam. É por isso que enfatizo que a única qualificação que realmente importa em um professor é que ele admita o que não sabe com abertura, clareza e sensibilidade. Esse é um assunto ao qual todos precisamos retornar continuamente, porque é muito importante.

Por exemplo, em uma sangha como a Sangha do Coração Desperto,* quem consegue validar os ensinamentos, a experiência e a compreensão de seus membros mais fiéis? No momen-

---

* N.T: Em inglês, Awakened Heart Sangha, é uma comunidade espiritual formada por alunos da Lama Shenpen Hookham, que orienta estudantes de todo o mundo no seu centro de retiro no País de Gales.

to, só consigo validar aquilo que não está além do meu próprio nível de compreensão e experiência. Da mesma forma, isso se aplica aos meus alunos. Haverá ensinamentos e experiências que não estaremos em posição de validar e devemos estar preparados para dizer isso. Podemos nos voltar para outros na linhagem, ou fora dela, em busca de orientação e validação. Acho que não temos melhor conselho sobre como fazer isso do que voltar para o que o Buddha ensinou nos suttas *Kalama* e *Canki*.

QUAL É O PAPEL DAS ESCRITURAS NO PROCESSO DE VALIDAÇÃO?

O budismo não é uma religião de livro, tal como são o cristianismo e o islamismo. O processo de transmissão significa que a compreensão passa de pessoa para pessoa, à medida que a realização surge por meio da prática de cada uma. Essa é a essência do processo, e as escrituras confirmam isso. Embora o *Canki Sutta* nos aconselhe a passar muito tempo na presença do professor, isso geralmente não é possível. Se o professor não estiver presente quando quisermos fazer perguntas, as escrituras, os comentários e os livros de Dharma de todos os tipos podem fornecer dicas e informações que nos ajudam a formular perguntas e a preencher alguns detalhes daquilo que nossos professores nos ensinaram.

Embora, às vezes, as escrituras removam nossas dúvidas, às vezes elas fazem com que aumentem. Nem todas as escrituras (especialmente os textos de comentários) ensinam a mesma coisa, e todas foram interpretadas ao longo dos séculos de maneiras diferentes, levantando pontos diferentes, em momentos diferentes. Isso pode ser bem confuso e pode funcionar contra o processo de validação, no sentido de que pode minar nossa fé na nossa experiência e nos professores.

Khenpo Tsultrim Gyamtso Rinpoche enfatizou para Rigdzin Shikpo e para mim que nossos alunos deviam ter confiança e clareza sobre como nossos ensinamentos eram verdadeiros e corroborados por fontes baseadas nas escrituras. Para isso, pelo menos alguns alunos precisam ser bem versados nos textos budistas e nas visões filosóficas, para que sejam capazes de demonstrar que o que estamos ensinando está de acordo com as escrituras. Na opinião do Rinpoche, era importante que outros budistas fossem capazes de reconhecer como válido e autêntico aquilo que estávamos ensinando. A tradição budista como um todo será mais forte se todos reconhecerem a validade do que está sendo ensinado por seus vários representantes. As escrituras são o que todos os budistas têm em comum. Ao enfatizar isso para nós, Khenpo Tsultrim Gyamtso Rinpoche evidentemente concebeu as escrituras como um elemento importante do processo de validação, e é por isso que incentivo o estudo das escrituras entre meus alunos.

Nem todos os praticantes têm tempo ou inclinação para fazer isso. Alguns dos yoguins mais realizados que conheci não são particularmente instruídos em termos da tradição mais ampla e, às vezes, nem mesmo são bons de leitura. Khenpo Tsultrim Gyamtso Rinpoche, que é tanto um yoguin quanto um estudioso, disse-me para estudar para poder responder às perguntas das pessoas e esclarecer suas dúvidas. Sinto que todo o estudo que fiz ao longo dos anos me permitiu fazer isso. Contrariamente, Gendun Rinpoche me dizia que não havia necessidade de estudar e nem de ter dúvidas; fé era suficiente. Khenpo Tsultrim Gyamtso Rinpoche disse que isso era bom, contanto que tivéssemos fé e nenhuma dúvida. Se tivéssemos dúvidas, precisaríamos estudar para removê-las. Em outras palavras, podemos usar o estudo para desenvolver e fortalecer a nossa fé. Com certeza, descobri que isso aconteceu no meu caso.

A SITUAÇÃO ATUAL NO MUNDO BUDISTA OCIDENTAL

Agora que o budismo é praticado há mais de uma geração no Ocidente, muitas questões estão surgindo e sendo discutidas em profundidade dentro e entre as várias sanghas budistas ocidentais. Por exemplo, em uma recente Reunião Anual de Professores Budistas Europeus*, tivemos a informação de que as várias sanghas budistas estão tentando estabelecer procedimentos estruturados de validação e autorização, com o objetivo de apoiar a busca pela verdade dos seus alunos e preservar a autenticidade do processo de transmissão. As sanghas estão se desenvolvendo com o entendimento de que existem professores ocidentais com autoridade espiritual genuína para ensinar e guiar esse processo.

Não tenho certeza se somos suficientemente realizados e ligados à rede de yoguins para sermos capazes de dispensar os procedimentos de validação e orientação dos nossos professores asiáticos. No entanto, nossos professores asiáticos são adversos a muitas mudanças na tradição. Talvez, como praticantes ocidentais, possamos ser menos restringidos pelas convenções de tradições há muito estabelecidas e possamos explorar novas possibilidades, separando as meras convenções sociais dos costumes mais úteis ou valiosos no que diz respeito à validação de professores espirituais.

Creio que a nossa maior preocupação seja manter contato com a rede de yoguins ainda remanescente, seja no Oriente ou no Ocidente, e fazer o melhor possível para usá-la como a autoridade final no processo de validação da nossa linhagem. Isso naturalmente levanta grandes questões. É inevitável.

---

* Organizada em conjunto com a União Budista Europeia. http://www.europeanbuddhism.org

3. Os papéis do professor

Neste capítulo, discuto com mais detalhes os diferentes papéis que um guru ou professor pode desempenhar para nós. Para cada papel, examino a sua natureza, como um aluno pode se relacionar com um professor nesse papel, como um professor se torna autorizado a desempenhar esse papel e como o próprio aluno pode vir a se envolver nesse papel conforme vai progredindo. Como em muitos casos os professores desempenham vários papéis ao mesmo tempo, é difícil falar em detalhes sobre um papel sem que ele se sobreponha a outros. No entanto, mantenho mais ou menos a ordem na lista dos papéis apresentada no Capítulo 1.

PAPEL 1: DAR UM BOM EXEMPLO

Como vimos na história de Shariputra e Ashvajit, simplesmente ver uma pessoa que exemplifica a vida de um praticante do Dharma pode inspirar fé e confiança. Na verdade, o próprio Buddha foi inspirado a renunciar ao mundo ao ver um homem santo. Pessoas que levam uma vida abnegada, irrepreensível e disciplinada inspiram outras pessoas a fazer o mesmo. É por isso que a devoção ao guru geralmente consiste na leitura de histórias sobre a vida dos grandes praticantes. Algumas das histórias sobre os gurus do passado têm várias versões e muitas vezes parecem mitológicas. Onde nós ocidentais temos uma forte tendência de achar que as figuras mitológicas são nebulosas, "inventadas" e, portanto, menos confiáveis, os tibetanos acham mais convincente aquilo que chamamos de relatos míticos, porque parecem menos mundanos. Como ocidentais, não achamos difícil aceitar Shakyamuni como um exemplo admirável de professor. Para nós, a história convence. Temos fortes evidências históricas de que Shakyamuni viveu em nosso mundo, por isso achamos fácil acreditar nele como uma pessoa real de carne e osso. Ao contrário de um tibetano típico, talvez nunca venhamos a nos relacionar com a abundante variedade de figuras de gurus no budismo, muitas delas referidas como deidades e representadas em uma variedade de formas estranhas, por exemplo, com muitas cabeças, braços e pernas; de aspecto irado e semi-irado; possivelmente em união sexual; cada um com seu próprio simbolismo e mitologia.

Todos são dados como exemplos a serem seguidos, pois todos nos ligam à mandala do despertar. Cada um deles corporifica o princípio do guru, e focar em qualquer um é receber o adhishtana de todos, visto que todos emanam da mesma fonte e se interpenetram. Os tibetanos parecem transitar facilmente entre pensar que as deidades, em todas essas diferentes formas, são o guru, e pensar que seus próprios professores humanos são o guru. Os primeiros são exemplos do ideal, e os últimos são mais próximos da sua experiência. Fazem isso sabendo que seus professores não são totalmente iluminados e, portanto, é provável que manifestem as fraquezas e as imperfeições dos seres comuns. A maneira de pensar dos tibetanos é que a pessoa teria que ter o karma certo para encontrar um ser totalmente iluminado e, como somos discípulos imperfeitos com karma pobre, somos naturalmente gratos por encontrar qualquer professor. Portanto, assim como os gurus totalmente iluminados (referidos como deidades), precisamos de pessoas comuns para nos ensinar dando um bom exemplo. Ignorando suas imperfeições, valorizando as boas qualidades e atendendo às necessidades dos nossos professores, acumulamos as boas tendências cármicas de que precisamos para encontrar gurus e/ou deidades genuínas no futuro.

PAPEL 2: TRANSMITIR O ADHISHTANA DA LINHAGEM

Todo autêntico professor humano do Dharma é a presença viva no nosso mundo do poder do despertar (adhishtana), a manifestação viva e a corporificação do poder da verdade (Dharma). Até certo ponto, todos eles estão transmitindo adhishtana. Apresento isso como um papel à parte, porque alguns professores desempenham somente esse papel para nós. Essa maneira de falar sobre o poder do despertar que emana do guru, ou da mandala do despertar, nem sempre é explicitada ou adotada pelos budistas ocidentais. Nos países budistas, entretanto, ela está implícita em todos os seus costumes e rituais. É por isso que coloquei o papel de ser fonte de adhishtana no topo da lista dos papéis do guru. Qualquer pessoa que se associa à mandala do despertar — ou mesmo que tenha alguma pequena conexão com ela — imediatamente se torna uma conexão e fonte de adhishtana para outras que estão conectadas a ela. Quanto mais profunda a conexão com o coração for sentida, mais poderoso será o adhishtana.

A transmissão de adhishtana ocorre de modo informal ou formal. Antes de desenvolver cada um desses modos, talvez seja útil falar sobre toda a ideia de adhishtana e como se relacionar com ela com mais profundidade. É frequente encontrarmos adhishtana (tib. *chinlab*) traduzido como "bênção". Significa algo como influência, poder, presença ou mesmo graça. Deparei-me com esse termo logo no início do meu encontro com o budismo tibetano e me disseram que significava "bênção", como se isso tornasse o significado evidente. Para mim, não era nada evidente.

Adhishtana emana do ato de estar na presença do Buddha. O princípio da necessidade de um encontro pessoal com a presença viva do Buddha é descrito nos primeiros registros dos ensinamentos budistas.*

Algo acontece na interação entre a presença viva da pessoa do Buddha (ou alguém conectado ao despertar) e o coração aberto de alguém que o encontra. Tal encontro é necessário para que o poder do adhishtana seja efetivo; em outras palavras, para que sua atividade espontânea de compaixão para o benefício dos seres tenha grande efeito.

Todas as tradições e escrituras budistas concordam que a iluminação só pode acontecer na presença do Buddha, o que é o mesmo que dizer na presença do adhishtana do despertar, a verdade ou a própria realidade. Algumas tradições ensinam que não podemos ter acesso à presença do Buddha no nosso tempo, uma vez que o Buddha Shakyamuni não vive mais neste mundo. Com base nesse entendimento, podemos apenas fazer aspirações (sânsc. *pranidhanas*; tib. *monlam*) e acumular *punya* (muitas vezes traduzido como "mérito", tib. *sonam*) para nascer na presença de um buddha em uma terra pura, ou renascer no tempo do futuro Buddha, Maitreya.

O budismo tibetano afirma que o acesso direto à presença do Buddha pode ocorrer no nosso tempo por meio de um professor humano. Essa visão está presente nas fontes Mahayana e Vajrayana. Isso significa que existe uma maneira pela qual o guru humano pode representar a presença do Buddha como

---

* Peter Masefield, *Divine revelation in pali buddhism* [Revelação divina no budismo páli], Colombo: Sri Lanka Institute of Traditional Studies, 1998.

uma espécie de "outro" supremo, em cuja presença podemos nos abrir. Ao nos relacionarmos com a pessoa do professor como o Buddha, abrimo-nos para um encontro vivo de coração a coração. Esse não é um acontecimento unilateral. Se nos conectarmos com essa presença de maneira genuína, ela vai se fazer sentir e exigir algum tipo de resposta da nossa parte. Depois vem nos assombrar para que nunca mais nos livremos dela. É como se tivéssemos inadvertidamente pegado algum tipo de infecção, no sentido de que o seu poder vem tomar conta de nós. Tudo isso é citado como adhishtana.

Nos sutras Mahayana, por exemplo, o Sutra do Coração, é pelo adhishtana do Buddha que Shariputra é levado a perguntar a Avalokiteshvara como praticar a prajnaparamita. Na prática das sadhanas, como a sadhana de Shakyamuni, de Mipham Rinpoche, o Tesouro de Bênçãos, o adhishtana se irradia do Buddha, a quem o texto descreve como sendo a essência e a união de todos os despertos em todo tempo e espaço. Nos países onde a tradição Theravada é predominante, existe um conceito semelhante de poder de bênção, embora seja expresso usando uma terminologia diferente.

Como budistas tibetanos, encontramos essa ênfase na importância de adhishtana em todas as nossas preces e liturgias. Por exemplo, na seção do guru yoga das práticas preliminares do Vajrayana, oramos ao "Guru, Buddha, Professor Precioso" com palavras como "Pelo poder do seu adhishtana, que eu abandone a mente que se apega a si mesma...".

Alguns tradutores se referem a adhishtana como um campo ou ondas de energia. É a energia da própria consciência, portanto devemos dizer que a fonte de todo adhishtana é a verdadeira natureza da mente para a qual o Buddha despertou. Há um tipo de adhishtana negativo ou influência negativa, mas, no contexto do guru, adhishtana refere-se apenas à energia desperta; em outras palavras, é a ação espontânea do coração desperto — bodhichitta (outro nome para a verdadeira natureza da mente). Esse adhishtana se irradia de Shakyamuni ou flui por meio de seus discípulos. Cada um de nós tem acesso a esse adhishtana por meio das nossas conexões com a mandala do despertar e nossa abertura de coração, que podemos chamar de nossa fé ou intuição. Aqueles que receberam a transmissão completa de poder e adhishtana são denominados siddhas. Eles são iguais a Shakyamuni no sentido de que também transmitem o adhishtana de todos os buddhas. O adhishtana que flui dos Despertos energiza a mandala que tudo permeia de cada um deles e, além disso, se interpenetra com a mandala de cada ser individual. "Mandala", neste sentido, significa a totalidade do que cada ser é, foi e será. Isso se relaciona com o que "eu" e "outro" realmente são, quando não distorcidos por nossa delusão (veja p. 9). Chögyam Trungpa Rinpoche disse a Rigdzin Shikpo que, necessariamente, a verdade do despertar vem a nós de alguém "outro" que não nós mesmos.*

Esse poder de adhishtana é impessoal, mas não no sentido de que seja mecânico ou insensível. Quando alguém ama a todos igualmente, em certo sentido isso é impessoal e, para nosso ego, pode parecer uma espécie de indiferença. No entanto, para nossa natureza suprema, parece perfeito. É confiável e igual para todos. Certamente este é o tipo de amor ao qual gostaríamos de aspirar!

Uma vez que a fonte de adhishtana do Buddha é o coração desperto (bodhichitta), ele é a realização da vacuidade inseparável do poder espontâneo da compaixão que tudo permeia. É uma força inerente à própria realidade. Kalu Rinpoche costu-

---

* Rigdzin Shikpo, *The highest Maha Ati teachings: Chögyam Trungpa Rinpoche in Great Britain*, [Os ensinamentos mais elevados Maha Ati: Chögyam Trungpa Rinpoche na Grã Bretanha], em *Recalling Chögyam Trungpa* [Relembrando Chögyam Trungpa], ed. Fabrice Midal, Boston: Shambhala Publications, 2005, p. 221–42.

mava usar a imagem tradicional do sol e uma lupa para transmitir a ideia de que o adhishtana dos buddhas e bodhisattvas permeia tudo, como os raios do sol preenchendo todo o espaço. A pessoa do guru age como uma lupa focalizando o adhishtana para que atue nos nossos obscurecimentos, como os raios do sol queimando um pedaço de papel. Essa imagem se refere ao princípio do guru (a mandala do despertar) como um todo, e à pessoa ou às pessoas que podem transmitir esse adhishtana para nós por meio de sua presença, ensinamento ou ritual.

O que é que na pessoa do guru lhe permite focar em adhishtana de uma forma que tem um efeito tão poderoso sobre nós? Do lado dele, é a qualidade da sua realização e conexão (samaya) com a linhagem guru-discípulo dos praticantes proveniente do Buddha. Do nosso lado, é a qualidade e a força da conexão (samaya) que temos com o guru e nossa capacidade de direcionar nossa aspiração, fé e devoção com efetividade. Kalu Rinpoche costumava usar a imagem de um gancho e um anel neste contexto. Se pudermos oferecer um anel de fé, o guru pode se enganchar em nós e nos tirar do samsara. Em outras palavras, o adhishtana nos leva à mandala do despertar se aprendermos a ouvir para receber sabedoria.

Tudo isso age sobre nossos obscurecimentos, dissipando-os como a luz eliminando as trevas. Na presença da luz, a escuridão não existe mais. Como Khenpo Tsultrim Gyamtso Rinpoche costumava dizer: "Não é preciso varrer, destruir, impedir ou remover a obscuridade de alguma forma. Quando acendemos a luz, a escuridão desaparece." O interruptor é a nossa intuição e fé no adhishtana da linhagem e no alvorecer da nossa realização.

Um guru com grande realização pode gerar uma influência tão profunda que um aluno pode encontrá-lo só uma vez na vida, mas isso ser suficiente para colocá-lo firmemente no caminho da liberação. Além disso, quando o aluno tem intuição ou fé muito forte, quase qualquer guru ou ensinamento do

Dharma pode ser suficiente para colocá-lo firmemente no caminho — como aconteceu na história de Shariputra e Ashvajit.

Para um professor cumprir o papel de ser uma fonte de adhishtana, temos apenas que manter nossa conexão (samaya) com ele por meio do amor, do respeito e da gratidão pela conexão que ele está nos propiciando com a mandala do despertar. Essa maneira de se relacionar é ao mesmo tempo pessoal e impessoal. O XVI Karmapa costumava dizer que, para manter a pureza dessa conexão, às vezes é bom não ficar muito tempo com o professor — em outras palavras, não se envolver muito pessoalmente com ele. Dessa forma, é menos provável que vejamos imperfeições nele que possam prejudicar nossa capacidade de receber seu adhishtana.

Transmissão informal de adhishtana

Todos nós que assumimos o compromisso de praticar dentro de uma linhagem transmitimos o adhishtana da linhagem até certo ponto, alguns mais puramente do que outros. Em um ambiente de sangha, algum tipo de transmissão informal pode acontecer o tempo todo, à medida que os alunos trabalham juntos para aprofundar sua compreensão do Dharma. Quanto mais profunda for a compreensão, a experiência e a realização de uma pessoa, mais profundamente ela se compromete com sua prática, e quanto mais fortemente ela se conectar à linhagem, mais poder terá para transmitir adhishtana. Em um contexto de sangha, veremos algumas pessoas com mais poder de adhishtana do que outras, e é natural que procuremos e nos aproximemos das pessoas em quem temos mais fé.

Para dar aos alunos a confiança de que estão dando e recebendo uma transmissão genuína de adhishtana, é necessário que aqueles que fazem qualquer transmissão, mesmo que informalmente, tenham a confiança de seus professores e colegas.

É aqui que o comprometimento com a visão, os valores e o ethos compartilhados de uma sangha é tão vital. Para que a visão, os valores e o ethos sejam compartilhados, é preciso abertura, transparência e educação; cada membro de uma sangha deve trabalhar para corporificar o que essa sangha representa. Os laços de amizade, confiança e respeito que se constroem com o tempo dentro da mandala da sangha são o que se entende por samaya. Samaya é a conexão por meio da qual o adhishtana pode fluir; como eletricidade conduzida por cabos, cada pessoa na linhagem sustenta o adhishtana, como se fossem fileiras de postes perfilados escorando os cabos pelos campos. A transmissão ocorre naturalmente à medida que um aluno é cada vez mais influenciado pelo professor ou professores, trabalhando em estreita colaboração (como no *Canki Sutta*).

Transmissão ritual de adhishtana

Uma transmissão formal de adhishtana envolve um ritual organizado e executado de acordo com um formato padrão em um determinado lugar e ocasião.*

Um exemplo de transmissão formal é a transmissão pela leitura, que envolve a leitura em voz alta para um aluno de uma escritura que foi passada de professor para aluno. Em princípio, qualquer pessoa que tenha recebido a transmissão pode dá-la a outra. Presumivelmente, esse tipo de transmissão remete à época em que todos os ensinamentos eram dados oralmente. A transmissão pela leitura transforma o texto de volta na forma de uma transmissão oral dada na presença do Buddha ou de um professor. A tradição tibetana dá grande importância a esse processo. O grande lama Rimay, Sua Santidade Dilgo Khyentse Rinpoche, não mediu esforços para obter as transmissões da leitura

---

* A transmissão ritual de adhishtana também se relaciona ao papel do guru de conduzir rituais (ver p. 143).

dos textos raros que lhe chegavam às mãos. Às vezes, isso significava chamar o mais humilde dos monges para fazer a leitura. Khenpo Tsultrim Gyamtso Rinpoche considerava a transmissão oral tão vital que se recusou a tentar explicar uma passagem do Sutra Shrimaladevi para mim, alegando que não havia recebido nenhuma transmissão para tal. Princípios como esse ajudam a manter viva a conexão autêntica (samaya) com a tradição textual viva, de modo que o adhishtana não perca nada do seu poder.

Um ritual de leitura completo significa que o leitor teve a chance de verificar se o texto que está transmitindo não está corrompido. No entanto, hoje em dia, o ritual é muitas vezes feito com o que é chamado de *poti wang* — a iniciação (*wang*) do livro (*poti*), em que o professor toca rapidamente o texto na cabeça do destinatário. Essa ação conta como permissão para ler e transmitir seu conteúdo. Só nos resta confiar que o que está entre as capas é de fato o texto que a pessoa recebeu. Entretanto, mantém-se pelo menos alguma noção da necessidade de autorização e conexão viva com o adhishtana da linhagem.

Nos dias de hoje, os acadêmicos que não foram formalmente nomeados pela tradição budista, ensinam a partir de textos e não se preocupam com a ideia de transmissão ritual de adhishtana. Mesmo os professores tibetanos, incluindo os monásticos, nem sempre se sentem obrigados a ter tido uma transmissão antes de ensinar um determinado texto. No Ocidente, quase na mesma época do Buddha, Sócrates protestou contra a escrita como meio de transmitir uma tradição. Argumentou que a escrita permite que o conhecimento chegue às mãos de pessoas com motivação e compreensão erradas, podendo corromper o fluxo do conhecimento. Suponho que isso esteja relacionado ao que estamos chamando de transmissão de adhishtana por meio de boas conexões samaya. Uma transmissão oral do professor para o aluno por meio de uma leitura ritual do texto é um meio de evitar o perigo de corromper o fluxo do conhecimento.

Se tivermos muita fé no professor que está fazendo a leitura, a transmissão oral pode ser uma oportunidade para nos abrirmos para seu adhishtana, aprofundando assim nossa conexão e fé nesse professor. Quanto mais experiência ele tiver com o texto e a prática, mais poderosa será a transmissão. Por exemplo, uma transmissão pode ser particularmente poderosa se quem está fazendo a recebeu de um professor altamente realizado, ou usou essa transmissão como base para sua prática por um longo tempo.

Qualquer transmissão formal de adhishtana envolve abertura do destinatário a uma profunda conexão de coração (samaya) com a presença viva e a influência (adhishtana) do princípio do guru. Isso então se torna um meio de empoderar sua prática. Mesmo que a pessoa não sinta muito, ou não entenda muito no momento de um evento de transmissão formal, o fato de que ela se preparou para isso e esteve presente quando ocorreu significa que ela está incluída e é parte integrante da mandala da linhagem. Mesmo se a pessoa que está dando a transmissão não for muito preparada no que diz respeito à realização, a transmissão de adhishtana ainda pode ser poderosa por causa da conexão com a linhagem e a maneira como a transmissão é feita e recebida. Surpreendentemente, talvez isso possa acontecer on-line de modo igualmente poderoso quando o evento é criado com cuidado suficiente para que seu significado e valor estejam claros.

O samaya pode atuar em muitos contextos em que existe a vontade de permanecer aberto e honrar as conexões com toda a linhagem da mandala de professores e colegas. A maneira como nos comportamos uns com os outros e praticamos juntos, nossa disposição de abandonar as defesas do ego e assim por diante, criam uma situação em que a transmissão de adhishtana pode acontecer de pessoa a pessoa. Dessa forma, todos somos introduzidos e criamos uma mandala centrada no despertar, e a presença onipresente do Buddha não pode deixar de responder.

Mantras e práticas vajrayana*

As transmissões de mantras e práticas vajrayana devem ser tecnicamente dadas no momento de um empoderamento/iniciação (sânsc.: *abhisheka*, tib.: *wang*) por um guru que domina as práticas associadas a elas. No entanto, hoje em dia, os lamas dão mantras e práticas vajrayana apenas dizendo aos alunos para recitá-las regularmente, mesmo sem qualquer ritual formal. Em outras palavras, a pessoa que está transmitindo o mantra ou a prática vajrayana não está desempenhando o papel de um mestre vajra. Este é o exemplo de um professor transmitindo uma prática com adhishtana associada a ela, na esperança de que algum adhishtana e alguma conexão possam surgir a partir disso. Entretanto, a conexão samaya será relativamente fraca e correrá o risco de ser ainda mais enfraquecida pela falta de compreensão, desrespeito e uso incorreto.

Para muitas pessoas envolvidas no budismo tibetano, receber abhishekas de lamas altamente realizados, quer o lama as conheça ou não, é considerado uma fonte de grande adhishtana — não devemos perdê-los, mesmo se não tivermos a intenção de nos envolver nas práticas associadas posteriormente. A crença aqui é que, no mínimo, isso cria a conexão auspiciosa (tendrel) para encontrar o lama e sua mandala repetidas vezes, e intensifica a conexão com o adhishtana da linhagem. Uma maneira de pensar no adhishtana de um abhisheka é, portanto, como uma semente que amadurecerá com o tempo, se continu-

---

* Esta seção também se relaciona ao papel de dar instruções de prática (ver pág. 125) e ao papel de mestre vajra (ver pág. 148).

armos praticando o Dharma usualmente e mantivermos nosso samaya com a linhagem.

PAPEL 3: ACEITAR OFERENDAS

O papel de transmitir adhishtana está ligado ao papel de receber oferendas. Para receber adhishtana, os alunos devem fazer um movimento do seu lado. Precisam dar para receber. Isso significa colocar sua energia vital na mandala do guru para que ela responda. O professor/guru representa o princípio central da mandala do despertar, portanto, quanto mais doamos a esse princípio, mais ele é energizado e sustenta a mandala. Fazer oferenda é essencial para nos abrirmos para o adhishtana da linhagem, e é o tipo de ação ritual que desencadeia uma resposta do próprio universo, o que nos parece ser uma forma misteriosa. É por isso que os ensinamentos budistas nos dizem que nosso caminho para o despertar começa a partir da conexão com a mandala do despertar, fazendo uma oferenda a ela, por menor que seja. Para os budistas étnicos, esta é a prática budista por excelência. Fazemos oferendas ao Buddha, ao Dharma e à Sangha, em especial aos professores do Dharma. Essa oferenda pode ser comida, dinheiro, hospitalidade, flores, luzes, roupas, incenso, moradias e assim por diante. Do lado do professor, recusar tais oferendas equivale a privar os outros de uma oportunidade preciosa de se empoderar espiritualmente. Aceitar oferendas é uma prática espiritual tanto quanto fazê-las, pois permite às pessoas doarem. Nas culturas budistas, monges e professores costumam ficar sentados o dia todo realizando rituais e recebendo oferendas, grandes e pequenas, úteis e inúteis.

Somos instruídos a fazer oferendas o tempo todo, visualizando-nos reunindo tudo o que temos e oferecendo ao guru na forma de Buddha, Dharma e Sangha. Fazemos as oferendas mais maravilhosas possíveis para fortalecer nossa conexão com eles. Para ter uma noção disso, pense como seria quando um hóspede de honra ou muito desejado vai à nossa casa. Naturalmente, queremos compartilhar nosso mundo e homenagear o mundo do hóspede. Queremos dar-lhe as boas-vindas, oferecendo o melhor de tudo o que temos. Se nossos hóspedes se recusam a concordar com isso, nós nos sentimos desapontados, como se roubados de alguma coisa. Gostaríamos que eles trouxessem sua plena presença ao nosso mundo, permitindo-nos expressar o quanto queremos que estejam lá. Queremos que os nossos presentes sejam aceitos. Então, o que devemos fazer se não quiserem aceitar tais presentes? A solução, segundo Khenpo Tsultrim Gyamtso Rinpoche, seria aceitá-los com palavras: "Eu aceito este presente" e, em seguida, devolver o presente, explicando que por ter sido aceito, agora ele pode ser doado. É o presente dele para nós. Essa aceitação tão profunda e verdadeira é uma ação cármica que produz efeitos e fica impressa no universo. É um meio de empoderar nosso mundo e tudo o que está conectado a ele, nossa história, nosso ser, em outras palavras, nossa mandala pessoal.

Em qualquer comunidade sangha, em geral, existem convenções sobre como as oferendas são feitas e para quem. Nas sanghas monásticas, os monges principais geralmente recebem presentes em nome da comunidade. Nem sempre é óbvio quais deveriam ser as convenções em uma sangha não monástica. Pode ser que apenas o professor principal ou o líder da sangha receba oferendas. A questão pode então surgir: devem ser aceitas e consideradas como sua propriedade pessoal, ou são aceitas em nome de toda a sangha e, por conseguinte, pertencem à comunidade? Essas são questões importantes que toda sangha ocidental precisa resolver por si mesmo. Que tipo de ethos as sanghas ocidentais desejam cultivar em torno da questão de receber oferendas?

Nossos modelos convencionais, como doações para uma instituição de caridade, pagamento por um serviço profissional, um acordo comercial e assim por diante, trazem implicações sobre a relação entre o doador e o recebedor que realmente não se encaixam na relação entre guru e discípulo. Nas sociedades tibetanas, os doadores ficam de pé no salão do templo e ostensivamente fazem oferendas em dinheiro a cada monástico, yoguin, professor e, às vezes, até mesmo a um praticante que esteja presente. Não conheço nenhuma sangha ocidental que tenha adotado totalmente esse costume, embora cada vez mais os ocidentais estejam preparados para dar e receber substanciais quantias de dinheiro em troca de receber ensinamentos ou transmissões. Para os ocidentais, muitas vezes existe uma grande dificuldade de dar dinheiro aos professores. Tendemos a preferir que nos façam uma sugestão de doação, mas não está claro quem a está pedindo, para quem e com que propósito.

Embora dar presentes na forma de bens e dinheiro possa ser revitalizante para a mandala como um todo, também pode ser problemático, como já ocorreu ao longo dos milênios desde a época do Buddha, assim como em outras tradições religiosas. Esse é um tópico que precisa seriamente de atenção e, sem dúvida, se tornará cada vez mais importante aqui no Ocidente.

Como foi delineado acima, muitas pessoas estão desempenhando o papel de professores na nossa vida e, em princípio, merecem receber presentes, mas não é assim que tendemos a entender as coisas na nossa cultura. Muitas vezes temos vergonha de dar e receber presentes, especialmente dinheiro. Se dermos muito pouco, será que pode parecer um insulto, como se estivéssemos valorizando insuficientemente o Dharma? Esperamos receber algo em retribuição ao nosso dinheiro? Pensamos que o professor não precisa disso, ou precisa muito, ou merece muito mais e coisas assim? Pensamos no dinheiro em termos transacionais e podemos associá-lo a motivos impuros. Será que fazer uma doação ao professor significa que eles dependem da nossa caridade? Será que significa que eles nos devem algo, como se fossem nossos funcionários ou clientes? Será que eles estão atrás do nosso dinheiro?

Precisamos examinar bem essa questão. Tradicionalmente, as sanghas budistas monásticas receberam considerável generosidade das comunidades budistas leigas que lhes permitiram construir templos, monastérios, escolas, bibliotecas e clínicas e, assim, preservar a tradição ao longo de gerações e fazer da comunidade monástica o coração da sociedade. Este é o efeito do princípio da mandala de troca de energia. Como vamos fazer isso funcionar para nós aqui no Ocidente?

É muito bom pensar: "O Dharma não tem preço; por mais que eu doe, nada vai se equiparar ao seu valor" e, a seguir, fazer apenas pequenas oferendas simbólicas e oferendas mentais; porém, para que o Dharma prospere no Ocidente, algo precisa acontecer no nível prático também. Queremos que nossos professores budistas desfrutem de algum tipo de salário que outras pessoas que trabalham para viver necessitam? Se for esse o caso, precisamos de muito mais clareza sobre o que constitui um professor budista. Vamos fazer o que muitas sanghas ocidentais fazem, que é oferecer ensinamentos de graça e esperar que os professores ganhem seu sustento de outra maneira qualquer? Vamos apenas incentivar os alunos a fazerem doações generosas? Vamos continuar confusos com uma mistura de todas essas abordagens, assim como temos feito até agora? Seja qual for a opção que escolhermos, será que corremos o risco de colocar nossos professores do Dharma no papel de nossos funcionários ou beneficiários da nossa caridade? Como podemos evitar isso, deixando claro que nós somos os destinatários da generosidade dos nossos professores e queremos homenageá-los de forma adequada? Nem todos os professores estão dispostos a desempenhar o papel de receber presentes e homenagens dessa maneira, talvez porque vejam os perigos que isso representa para si próprios e para os outros.

PAPEL 4: DAR INSTRUÇÕES DE INTRODUÇÃO À NATUREZA DA MENTE

Nem todos os gurus, embora genuínos à sua maneira, têm as habilidades necessárias para nos levar à realização mais profunda da verdadeira natureza da mente (também referida como natureza búdica ou a quintessência indestrutível). Aqueles que conseguem são muito mais raros do que os que não conseguem. Se tivermos sorte, poderemos encontrar um guru yoguin altamente realizado, e receber instruções diretas personalizadas de introdução à natureza da mente que realmente nos levem a um nível mais profundo de experiência e realização. Muitas vezes, porém, esse tipo de atenção individual não está disponível. Em vez disso, podemos encontrar um professor altamente realizado, ou de alto status, que apenas fará um ritual ou instrução em grupo e/ou nos deixará sentar em sua presença para receber o adhishtana da sua realização. Isso pode ser extremamente poderoso, mas não necessariamente suficiente para garantir que a nossa prática se aprofunde em longo prazo.

Usado livremente, o termo em inglês *pointing-out* (em português: apontar, indicar, introduzir) pode se referir a pessoas que nos apontam verdades de várias maneiras e níveis. Em uma comunidade sangha, mentores ou colegas podem nos introduzir a verdades que nos ajudam a perceber nossa verdadeira natureza o tempo todo. Esse é um papel valioso que todos podemos desempenhar uns pelos outros. Não obstante, quando o termo é usado em um sentido mais técnico, somente um yoguin altamente realizado é capaz de nos introduzir à verdadeira natureza da mente por completo. Outros praticantes podem ser capazes de nos dar instruções valiosas de meditação que nos levam a aprofundar nossa compreensão e desenvolver insights. Nesse sentido, estão ajudando a apontar (da forma como o termo é usado em inglês) aspectos da verdade para nós e nos fornecendo uma conexão (samaya) com o poder (adhishtana) da linhagem, o que nos prepara para a transmissão completa da introdução à natureza da mente que ocorrerá em algum momento. Essas instruções de meditação podem incluir o que é chamado de instrução acerca da mente (*semtri*). Um tipo de instrução transborda naturalmente para a outra, mas é provável que o mesmo professor não dê os dois tipos de instrução.

As expressões *instrução de introdução à natureza da mente, instrução essencial, trazer uma pessoa face a face com sua própria natureza verdadeira* ou, algumas vezes, *mostrar a alguém sua própria face* são muitas vezes usadas como traduções do termo tibetano ngotrö (literalmente, *encontro face a face, reconhecimento* ou *introdução*). Ngotrö é o termo usado para se referir ao estágio final do processo de o guru introduzir o aluno à verdadeira natureza da mente. Os alunos reconhecem e percebem que sua mente é idêntica à do guru, de tal forma que despertam e não regridem. É a realização final e o guru yoga supremo, a união com o guru.

A relação com o professor no papel de transmitir ngotrö envolve o processo que o Buddha explicou a Kapadika no *Canki Sutta*. É também o papel que Reginald Ray descreve como a "tradição siddha/santo", e quase sempre envolve certa quantidade de diálogo. É por isso que nos sutras vemos o Buddha continuamente engajado em diálogos com seus alunos. Esses fazem perguntas uns aos outros, e o Buddha leva os alunos passo a passo a fim de alcançarem uma compreensão mais profunda.

Mesmo que o termo *diálogo* em inglês e em português não sugira de imediato introdução à natureza da mente, muitas vezes descobrimos que surge um tipo novo de conhecimento como um resultado do diálogo. Esse é especialmente o caso quando estamos dialogando com outros praticantes do Dharma. Ao se relacionarem com um professor que está dando instruções de introdução à natureza da mente, os alunos, por sua vez, precisam refletir ativamente e tentar integrar os resultados dessa reflexão em sua experiência imediata. Ao fazer isso, surgem dúvidas e incertezas. Quando essas são apresentadas ao professor, surge a oportunidade de introdução da natureza da mente, exatamente como o Buddha descreve no *Canki Sutta*.

As instruções (ou diálogos) que levam a esse ponto são com frequência denominadas instruções acerca da mente (*semtri*) ou instruções orais (sânsc.: *upadesha*; tib.: *men ngag* ou *dam ngag*). Aqui, o professor conduz o aluno, passo a passo, por meio de uma série de investigações, para uma compreensão cada vez mais profunda e sutil da natureza da mente. Confusamente, esses termos também são, em geral, traduzidos como instruções de introdução à natureza da mente ou instruções essenciais, confundindo assim a distinção entre as instruções iniciais e o reconhecimento final. Na verdade, até mesmo os professores tibetanos às vezes usam o termo *ngotrö* de forma mais livre e o aplicam a um estágio relativamente inicial das instruções. Por exemplo, dentro da tradição Mahamudra, o estudante precisa reconhecer a verdadeira natureza da mente o suficiente para ser capaz de confiar nela como base para sua prática de meditação, denominada caminho mahamudra. O reconhecimento da "base mahamudra" é o primeiro estágio que, por meio da prática, gradualmente se estabiliza e se transforma em plena realização, denominada fruição mahamudra, ou iluminação. O caminho é, então, estabilizar a prática durante o tempo que for necessário — para a maioria de nós, o resto da nossa vida. Quando estabilizada como fruição mahamudra, não há mais treinamento a ser feito e todas as qualidades búdicas se tornam totalmente operantes, manifestando-se espontaneamente como a atividade compassiva de um Buddha totalmente iluminado. Embora a base, o caminho e a fruição mahamudra sejam apresentados como estágios separados, na verdade todas as qualidades búdicas são inerentes à nossa natureza búdica desde o início, e são simplesmente desveladas pela prática no caminho. Isso significa que a introdução à natureza da mente pode começar nos ajudando a reconhecer as qualidades búdicas na nossa experiência desde o início do caminho. Essa introdução pode assumir várias formas em vários níveis, dependendo das capacidades do professor e dos alunos.

Na verdade, uma instrução de introdução à natureza da mente (*ngotrö*) pode ser bastante brusca! Há uma história famosa na tradição Mahamudra em que Tilopa dá um tapa no rosto de Naropa com uma sandália — momento em que este se tornou totalmente iluminado. Tal evento foi o resultado de muitos anos de treinamento e muitos pequenos passos pelo caminho. Após o incidente do tapa com a sandália, a compreensão de Naropa tornou-se irreversível e ele se tornou claramente iluminado.

Para a maioria de nós, um diálogo de qualidade com os colegas do Dharma, que estimule e clarifique nosso pensamento, é vital para preparar o terreno para aprofundar a nossa prática. Todos nós poderíamos fazer isso uns pelos outros no mesmo nível, especialmente se tivermos aprimorado nossas habilidades de comunicação e escuta. Na Sangha do Coração Desperto, o nosso programa de diálogo desperto trata dessa questão. É baseado nos princípios da comunicação não violenta de Marshall Rosenberg e tem muitos resultados benéficos para a nossa prática na vida diária e nos relacionamentos em geral.

Dessa forma, os colegas da sangha podem ajudar uns aos outros enquanto dialogam, sem pensar particularmente nisso como uma relação professor-aluno. No entanto, em uma conversa com um colega do Dharma, uma palestra de Dharma ou em uma investigação experiencial de algum tipo, um insight profundo pode ocorrer repentinamente e ser quase indistinguível do que pode acontecer na transmissão formal de introdução à natureza da mente.

No entanto, se apenas tivermos a nossa própria experiência do que aconteceu, sem nenhuma confirmação vinda da outra pessoa, e nenhuma sensação de um encontro real e um reconhecimento no outro, haverá uma sensação de incompletude e espaço para dúvidas. Mesmo que duas pessoas sintam que se conheceram de alguma forma por meio de uma experiência profunda de insight, elas podem facilmente se enganar pensando que essa experiência foi mais (ou menos) do que realmente foi.

Portanto, precisamos de um guru para desempenhar o papel de confirmar que a introdução à verdadeira natureza da mente (base mahamudra) aconteceu, e para isso precisamos de um guru que tenha realização suficiente para ser capaz de levar o processo de introdução para onde ocorre o reconhecimento (*ngotrö*) mútuo. Na prática, parece que os alunos têm vislumbres de reconhecimento, e só com o tempo um guru pode dizer o quanto esses vislumbres estão se tornando efetivos. Assim, as instruções de introdução* devem necessariamente ocorrer entre o aluno e o professor, de um para o outro, ao longo de um período. O professor precisa ter conexão suficiente com o aluno para ser capaz de autenticar o que ele está experienciando, provavelmente repetidas vezes, até que o aluno ganhe confiança e convicção suficientes para continuar por conta própria. Algumas das investigações que eu e a sangha à minha volta oferecemos como um treinamento estruturado em meditação budista correspondem a instruções típicas acerca da mente (*semtri*), mas, mesmo assim, eu não as chamaria exatamente de

---

*   Os três tipos de instruções de introdução à natureza da mente são conhecidos em tibetano como *semtri*, *men ngag* e *ngotrö*.

semtri, se não houver uma instrução individualizada com um professor para validar o que está acontecendo.

Nos últimos anos, disponibilizamos pelo menos um programa individualizado de mentoria on-line para desencadear um insight profundo. Acho interessante que isso esteja sendo feito fora do contexto de uma relação formal professor-aluno. Os alunos se envolvem em um diálogo intensivo com um mentor para ajudá-los a chegar a um insight profundo sobre o não eu. Os mentores autenticam uns aos outros sem referência a qualquer linhagem tradicional da relação professor-aluno. Em outras palavras, os mentores não afirmam ser gurus e os alunos não precisam ter fé ou devoção. Isso contrasta com a tradição Mahamudra, onde o ponto principal é que por meio de conexão, adhishtana, fé e devoção é que ocorre a realização final, a união com o guru.

Quando os alunos se envolvem nas relações entre os colegas, com o propósito de seguir apenas um programa específico, e onde não há expectativa de uma relação contínua com o mentor, estamos falando de um estágio relativamente inicial de dar instruções de introdução à natureza da mente. No entanto, tenho certeza de que é uma introdução valiosa sobre como obter conhecimentos por meio de questionamentos intensivos em diálogos com outros praticantes. Há perigos que estão de fato se tornando evidentes e, até certo ponto, sendo enfrentados. Um dos perigos é que o questionamento intenso da nossa experiência possa ser desestabilizador para certas personalidades, e não é incomum que as pessoas sintam um medo intenso. Medo é o que sentimos na ausência de convicção, fé e confiança. A tradição budista enfatiza que o conhecimento profundo só deve ser buscado uma vez que a pessoa tenha estabelecido uma base ética estável para sua vida, tenha uma fé firme nas Três Joias e tenha estabilidade por meio da prática de shamatha.

Mesmo os praticantes profundamente realizados podem não se sentir capazes de dar instruções de introdução à natureza da mente. Talvez não tenham a habilidade necessária para ajudar outra pessoa nesse sentido. Pode ser que mesmo um professor profundamente realizado não reconheça os problemas específicos que um aluno está tendo. Às vezes, é quase como se a química entre o professor e determinados alunos pareça não estar funcionando. Isso pode ser muito subjetivo.

Pessoalmente descobri que, após investigar as instruções acerca da mente na minha meditação, me surgiam perguntas que invariavelmente induziam meus professores a me levar a maior profundidade e a me mostrar mais sutilezas a serem exploradas. Foi assim que minha compreensão se aprofundou ao longo das décadas, da mesma forma que o Buddha descreveu a Kapadika.

Como intérprete dos lamas enquanto davam instruções de introdução à natureza da mente, percebi que muitas vezes os alunos demonstravam pouco interesse quando tais instruções eram realmente dadas. Acho que é por isso que muitos professores tibetanos parecem esperar que a pergunta certa surja espontaneamente na conversa com o aluno, em vez de apresentar esse tema de modo formal. Embora algumas pessoas se identifiquem de modo fácil e rápido com as instruções de introdução, outras não estão em um estágio em que possam se beneficiar muito delas. Em geral, primeiro precisam de mais ajuda para lidar com suas emoções negativas e hábitos mentais. Os tibetanos se referem a isso como necessidade de mais purificação e acumulação de punya. Podemos pensar mais em termos da necessidade de nos tornarmos mais autoconscientes, integrados e autoconfiantes, ou que precisamos trabalhar primeiro com nossos problemas psicológicos. Se achamos que nos relacionamos bem com as instruções de introdução da natureza da mente rapidamente, ou lentamente, todos precisamos continuar trabalhando com nossas emoções negativas e hábitos mentais. Todos precisamos do guru para nos ajudar e aconselhar sobre como manter um ágil equilíbrio entre os vários aspectos da prática do Dharma. Há muito mais nisso do que apenas sentar-se em meditação investigando a verdadeira natureza da mente. Em outras palavras, precisamos de alguém para desempenhar o papel de guia espiritual, bem como alguém para nos introduzir à verdadeira natureza da mente, e talvez não seja a mesma pessoa desempenhando os dois papéis.

A introdução à natureza da mente deve ser feita com cuidado, pois é muito fácil os alunos não entenderem o sentido corretamente, ou tomarem uma meia compreensão como sendo a coisa toda. Alguns alunos tiveram uma boa experiência, mas têm dificuldade em reconhecer seu significado, como se de alguma forma estivessem esperando outra coisa. Acabam até olhando fixamente para o que estão buscando — a verdadeira natureza da mente —, mas descartam o que veem como algo não interessante; a ficha não cai. A maioria de nós experiencia uma mistura de todas essas coisas, e nossa experiência muda com o tempo, à medida que praticamos.

Às vezes, as instruções de introdução à natureza da mente são dadas formalmente a um grupo de pessoas. Meu palpite é que, quando um professor faz isso, ele está confiando que os alunos que estão prontos para recebê-la tomem a iniciativa de acompanhá-lo e busquem mais instrução no devido tempo. Enquanto isso, a apresentação formal das instruções de introdução à natureza da mente pode ser vista como uma transmissão de adhishtana. Isso pode ser muito poderoso, especialmente quando um professor profundamente realizado é quem está ensinando. Por exemplo, Khenpo Tsultrim Gyamtso Rinpoche uma vez me disse que viria até nosso centro e daria aos meus alunos instruções de ngotrö para que pudéssemos usar o texto de Tashi Namgyal, *Clarifying the natural state* [Esclarecendo o estado natural]. Fiquei intrigada sobre como ele faria isso, já que ele não fala inglês. No evento, ele fez uma transmissão oral dizendo a todos para ouvirem meditativamente. Depois, disse que tínhamos tido uma *wang* (iniciação ou abhisheka) e que agora eu iria conduzir meus alunos pelas instruções do livro, passo a passo. Isso ilustra como um professor consegue desempenhar o papel de dar adhishtana formalmente ao desempenhar o papel de presidir um ritual, o papel de autorizar outra pessoa a dar mais instruções e, possivelmente, o papel de introduzir a verdadeira natureza da mente. Todos os diferentes papéis funcionam juntos, seja com uma ou várias pessoas.

Trungpa Rinpoche costumava dar um tipo de instrução formal de introdução à natureza da mente chamada *tamal gi shepa* (TGS), que significa literalmente "mente comum". É chamada de comum porque é não fabricada, é natural — o que a torna extraordinária para a nossa maneira equivocada de pensar! Ele fez uma transmissão para centenas de alunos ao mesmo tempo. Acredito que muitos deles tiveram uma experiência extremamente significativa e um aprofundamento de sua compreensão com base nessa transmissão. Outros a tomaram como uma semente, em outras palavras, uma conexão (tendrel) e adhishtana, que iria amadurecer com o tempo conforme continuassem com sua prática. Como mencionei antes, isso é típico de como alguém é encorajado a pensar sobre as transmissões vajrayana na tradição tibetana.

Em minha experiência como aluna e professora, as instruções de introdução à natureza da mente precisam ser dadas repetidas vezes, à medida que o praticante continua a praticar shamatha e vipashyana (denominada de "meditação sem forma", por Trungpa Rinpoche). Muitas vezes, parece que a mesma instrução está sendo oferecida repetidas vezes, mas, no plano da experiência, a instrução e a experiência a ela associada parecem radicalmente diferentes. Primeiro, o aluno tem uma compreensão inicial de que está no caminho certo, mas isso não é o mesmo que uma compreensão experiencial. Experiencial pode significar coisas diferentes para pessoas diferentes, e nem sempre é evidente se um aluno está tendo uma experiência genuína da verdadeira natureza da mente. Uma experiência genuína se torna gradualmente uma realização estável durante um longo período de prática. Existem muitas armadilhas no percurso do caminho. Um professor no papel de autenticar a compreensão inicial, a experiência e, em última instância, a realização, precisa ter atingido o nível apropriado de compreensão, experiência e realização para ser capaz disso.

PAPEL 5: AUTENTICAR A EXPERIÊNCIA E AUTORIZAR PROFESSORES

Uma linhagem de transmissão que afirma ser genuína precisa que os professores assumam o papel de validar ou autenticar formalmente a compreensão, a experiência e a realização de um aluno e, então, autorizar formalmente um aluno a ensinar outros. Em cada um dos doze papéis de um professor descritos aqui, o tipo e o nível de autenticação e autorização necessários variam muito, dependendo da situação na comunidade sangha à qual pertencem.

Nesta seção, concentro-me principalmente nos aspectos práticos de assumir o papel de autenticar e autorizar uma pessoa a dar instruções de introdução à verdadeira natureza da mente. Ainda que cada papel de dar ensinamentos exija alguma forma de autorização, o papel mais significativo e difícil de autorizar é o de autenticar o nível de experiência e realização de outras pessoas e autorizá-las, por sua vez, a autorizar outras.

Embora só um yogun profundamente realizado consiga realmente validar a experiência de um aluno e autenticá-lo como pessoa realizada, capaz de transmitir a realização mais elevada, nem toda sangha tem um yogun profundamente realizado a quem recorrer para uma autenticação nesse nível mais elevado. No entanto, toda comunidade sangha precisa avaliar aqueles que estão ensinando dentro dela a fim de autorizá-los a ensinar. Uma linhagem autêntica de transmissão pressupõe que há uma transmissão genuína de compreensão, experiência e realização do despertar ocorrendo dentro dela, passando do professor para o aluno, como uma tocha acesa passando o fogo para a próxima. Espero que mesmo a compreensão de uma pessoa como eu, com meros vislumbres de experiência e realização, funcione como uma faísca suficiente para acender outras tochas ao longo do tempo!

Mesmo que eu não tenha a pretensão de saber por mim ou pelos outros quando se trata dos níveis mais elevados de realização, posso pelo menos discernir entre os níveis iniciais e os níveis mais profundos de compreensão e experiência. Posso reconhecer onde eu estou fora da minha profundidade e onde preciso de orientação mais especializada, seja para mim ou para quando oriento outras pessoas.

Uma sangha pode decidir que não há ninguém que ela reconheça que tenha experiência ou realização suficientes para um procedimento formal de validação ou autorização propriamente dito. Os alunos se juntam em torno dos praticantes que mais os inspiram e lhes pedem para ensinar. Aqueles que concordam em fazer isso tornam-se professores. O perigo é que não haja controle de qualidade. Personalidades carismáticas podem começar a reunir um grande número de seguidores, porém, o que eles estão ensinando não é o Dharma.

Portanto, o papel da pessoa ou pessoas que decidem quem pode desempenhar qualquer papel de ensinar — particularmente o papel de reconhecer ou autorizar professores aptos a dar instruções de introdução à natureza da mente — é vital. Sem seu papel de salvaguardar, a sangha pode ser assumida por aqueles que pregam doutrinas e pontos de vista falsos. Uma linhagem é um processo de transmissão ininterrupta, mas sem o papel de alguém confirmando que é autêntica, a ideia de uma transmissão ininterrupta perde o sentido. O que vale para autorizar professores também vale para autorizar os professores a autorizar outros a ensinar. Algumas pessoas capacitadas a dar instruções efetivas de introdução à natureza da mente talvez não tenham as habilidades necessárias para autenticar e autorizar outras a ensinar.

Espiritualmente, esse é um assunto muito delicado. Enganos podem acontecer com muita facilidade. Por exemplo, professores excessivamente entusiasmados podem autenticar seus alunos de modo prematuro, levando-os a se tornar confiantes em excesso e, consequentemente, seguir um mau caminho. Depois disso, o poder (adhishtana) da realização que está sendo transmitido fica comprometido e é provável que se torne progressivamente mais fraco. É muito fácil para um professor interpretar mal um aluno ou mesmo avaliar mal seu próprio nível de compreensão. Um professor do Dharma poderia dizer aos alunos algo que esteja totalmente errado sobre seu nível de compreensão e, assim, atrasá-los em muitos anos. Diante de tudo isso, surge a questão de como é possível saber se a verdadeira autenticação está ocorrendo. A resposta é que não é possível ter certeza até que a pessoa atinja a iluminação.

Enquanto isso, é uma questão de tentativa e erro e de usar nosso próprio discernimento. Embora possa haver problemas se os alunos forem autorizados cedo demais, problemas também podem surgir se não forem autorizados a tempo. Uma comunidade sangha poderia ficar sem professores autenticados capacitados a passar a transmissão para a próxima geração. Minha opinião é que é melhor que algo genuíno seja passado adiante, mesmo que não seja o nível mais elevado de realização, do que nada seja passado. No entanto, devemos sempre nos manter vigilantes para não superestimar nosso próprio nível de compreensão, para que ele não obstrua uma compreensão mais profunda.

Minha experiência de como a autenticação acontece

Meus professores validaram/autenticaram minha experiência por meio de diálogos e conversas. À medida que eu ouvia o que era dito ou mostrado, tentava integrar tudo à minha compreensão e experiência mais profundas. Se não conseguisse fazer isso, eu perguntava e tentava entender o que estava acontecendo. Será que eu tinha entendido mal alguma coisa? Tinha feito uma suposição falsa em algum ponto? Será que foi apenas uma divergência de palavras? Havia algo que eu não estava entendendo e precisava investigar mais? Tive a confiança de fazer todas essas perguntas, e a rara oportunidade de ter professores do mais alto calibre para questionar diretamente no dia a dia. É realmente especial ter um professor desempenhando esse papel para nós. A certa altura, seria como se uma ficha caísse e eu pudesse entender tudo o que havia acontecido antes sob uma nova luz. Isso é o que poderíamos chamar de uma explosão de energia em uma consciência intensificada, que a seguir se propaga pela experiência da sua vida. O professor geralmente reconhecia que isso estava acontecendo comigo, e em vez de me dar um certificado formal ou algo assim, minha sensação era de que o professor tinha confiança de que eu estava no caminho certo, e minha experiência iria se aprofundar por conta própria se eu continuasse a praticar. De certa forma, esta é toda a autenticação necessária para a nossa prática.

Quando tenho um aluno que tem a confiança de perguntar quando não entende, tenho confiança de que ele está aprendendo e continuará a aprender; este é o tipo de relação professor-aluno com o qual consigo trabalhar melhor. Os alunos autenticam a si mesmos à medida que avançamos. Trata-se de chegar a um momento "aha" que deixa a pessoa em um estado de reconhecimento de alguma coisa, mas, de novo, nem tanto. A pessoa se permite "não saber", mas com a forte sensação de que está no caminho certo e que, permanecendo aberta, irá descobrir ainda mais.

Mesmo que no momento da introdução à natureza da mente haja uma forte sensação de como tudo isso é óbvio — como se nunca fôssemos esquecer a experiência —, na maioria das vezes, retomamos os velhos hábitos. Este ignorar da realidade ou se afastar dela é expresso pela palavra *avidya* (delusão ou conceito equivocado). Esses hábitos nos aprisionaram por inúmeras vidas. Não há nada tão poderoso ou precioso quanto um momento de reconhecimento (*vidya*) da nossa verdadeira natureza, porque ele abre o caminho para a liberação. Cada vez que temos algum novo vislumbre, podemos usá-lo para a nossa prática, a fim de estabilizá-la e aprofundá-la.

Tive o privilégio de ouvir de um yoguin profundamente realizado a maneira como sua realização e experiência foram autenticadas por outro yoguin profundamente realizado. Pediram-me para traduzir Khenpo Tsultrim Gyamtso Rinpoche quando ele estava ensinando Rigdzin Shikpo em seu retiro de três anos. Khenpo Rinpoche pedia a Rigdzin Shikpo para descrever todas as experiências de meditação que havia tido desde a última vez que o vira. Eu mal conseguia traduzi-los, mas Rinpoche me disse para não me preocupar, ele só precisava de algumas palavras minhas para ajudar no processo. Ficou claro que Rinpoche estava em busca de sinais de que certas coisas aconteceram, a fim de dar instruções a Rigdzin Shikpo com base no seu nível de experiência e realização. Somente uma pessoa com um alto nível de experiência e realização poderia fazer isso. Sei por experiência própria que Khenpo Tsultrim Gyamtso Rinpoche foi capaz de autenticar minha experiência diretamente, de uma mente para a outra.

Lama Thubten me explicou como Nyoshul Khenpo autenticou sua experiência e realização ao sentar-se e meditar com ele por uma hora, e depois dizendo que não havia encontrado nada de errado, que qualquer dificuldade que ele estava tendo era apenas um distúrbio de energia sutil (*prana*). Isso deve ter acontecido diretamente, de uma mente para a outra, sem palavras.

Essa autenticação direta de uma mente para a outra pode acontecer em um processo de transmissão formal ou informal. Podemos ter uma experiência que nos diz que a transmissão que recebemos foi autêntica e significativa. Nós a reconhecemos, mas será que esse reconhecimento é comunicado ao professor? Como eles sabem que o recebemos? Se eu estivesse fazendo a transmissão, acho que não saberia o que foi recebido, a menos que me dissessem. Tenho certeza de que alguém como Khenpo Tsultrim Gyamtso Rinpoche saberia diretamente e poderia até me sinalizar que sabia que eu tinha recebido. Quando esse tipo de coisa acontece, é emocionante e verdadeiro. Às vezes, descubro que o que digo em uma troca com um aluno, ou mesmo em uma palestra pública, parece falar diretamente com os alunos, como se eu conhecesse a mente deles diretamente. Posso assegurar que não! Acredito que o que está acontecendo é que, quando estamos sendo tão verdadeiros quanto conseguimos ser, o princípio do guru — em outras palavras, a verdade do Dharma — fala por meio de nós e encontra sua própria maneira de se comunicar com as pessoas.

Autorizando outros a dar instruções de introdução à natureza da mente

Ter nossa compreensão confirmada de vez em quando, conforme descrito acima, é a base para termos alguma confiança na nossa experiência, mas seria suficiente para sermos capazes de dar instruções de introdução à natureza da mente a outras pessoas? Este é um papel vital em termos da preservação da autenticidade de uma linhagem de transmissão. Como uma pessoa passa a ter esse papel? De quem é o papel de autorizá-la a autenticar e/ou autorizar outras? Em outras palavras, como a autenticidade da linhagem é preservada ao longo das gerações? Nas histórias dos grandes siddhas, seus gurus siddhas é que diziam quando a realização deles atingia o nível mais alto e era hora de ensinar. Presumivelmente, isso ocorre porque um siddha conhece a mente do seu aluno por meio do encontro mente a mente, coração a coração. Na ausência de tal conhecimento direto, os gurus de menor realização têm que usar outros meios, como o diálogo e a observação do comportamento dos alunos ao longo do tempo. A questão é se podemos atribuir essa responsabilidade a eles. Que qualidades um professor procuraria em um aluno antes de autorizá-lo a fazer isso? Eu procuraria estabilidade, ausência de egocentrismo, honestidade, autoconsciência, bondade e compreensão do Dharma. Acima de tudo, procuraria ver se teria qualquer tendência de superestimar seus conhecimentos e habilidades.

Mesmo assim, Khenpo Rinpoche me disse que eu poderia autorizar outros alunos se eles tivessem fé em mim. Acho que por "fé" ele quis dizer samaya. Em outras palavras, eles confiam em mim e estão contando com o adhishtana da linhagem que vem por meu intermédio? Da minha parte, percebi que só seria capaz de julgar se tinham fé, se eu tivesse fé neles. Eles não apenas teriam que ter compreensão, experiência ou realização suficientes para dar instruções de introdução à natureza da mente, mas também teriam que ser capazes de inspirar fé nas outras pessoas. Mesmo se pudessem fazer isso, será que estariam propensos a julgar mal seu próprio nível de compreensão ou realização? Estariam propensos a julgar mal a experiência ou a realização de outros? Perguntas bem complicadas.

Em princípio, qualquer professor profundamente realizado dentro de uma sangha poderia legitimamente autorizar seus próprios alunos a dar instruções de introdução à natureza da mente. No entanto, talvez prefiram que professores ou colegas experientes da sua sangha o façam, a fim de preservar a integridade da estrutura de autoridade dentro dessa sangha especificamente.

Se não há ninguém profundamente realizado em uma sangha, a autenticação e a autorização dos professores só podem ser genuínas e válidas até o nível de compreensão das pessoas reconhecidas pelo corpo principal da comunidade sangha como as mais experientes ou realizadas. É possível buscar ajuda de fora da sangha na rede de yoguins. Isso significaria encontrar alguém que seja reconhecido como altamente realizado pelos praticantes realizados dentro da linhagem como um todo. Dessa forma, a comunidade sangha teria acesso a aconselhamento, ensinamentos e transmissões em um nível mais profundo do que está disponível em sua própria categoria. Qualquer contribuição de fora da mandala da sangha precisa ser integrada cuidadosamente por aqueles que têm o papel de preservar a visão, os valores e o ethos da sangha. Sem isso, a sangha pode rapidamente perder seu caminho e desmoronar, à medida que diferentes grupos começam a disputar o controle.

Transmitindo o papel de autorização

Existem três estágios no processo da transmissão genuína. Primeiro, o aluno precisa que sua compreensão seja validada e autenticada. A seguir, ele precisa ser autorizado como professor. Por fim, precisa da autoridade para autenticar e autorizar outros a ensinar.

Aqui estamos falando sobre continuar a linhagem de ensinamentos e/ou criar novas sublinhagens originárias do professor fundador. É uma responsabilidade imensa, mas como isso é feito? No budismo tibetano, o termo *chefe da linhagem* é frequentemente usado e aplicado a certos indivíduos, como Sua Santidade Karmapa para os Karma Kagyus, Sua Santidade

Drukchen para os Drukpa Kagyus, Sua Santidade Sakya Trizin para os Sakyas e assim por diante. A suposição é que eles são, em última instância, responsáveis por autorizar os professores dentro da linhagem a transmiti-la. Não há nenhuma razão doutrinária para que isso seja assim. No caso da instrução de introdução à natureza da mente, é a realização do professor e a fé do aluno que são essenciais, não se eles desempenham o papel de chefes espirituais de uma instituição budista.

Uma vez que, em toda a tradição budista, em geral não é tão claro quem tem autoridade para autorizar professores, ou como a autorização é concedida, é mais uma questão de costume e conveniência. Por conveniência, quero dizer a melhor forma de proteger a integridade da linhagem em qualquer situação de sangha. Não existe um procedimento de autorização ou linha de autoridade que se aplique a todos. No entanto, para manter a integridade de uma determinada instituição, um professor pode nos encorajar a buscar as instruções sobre a natureza da mente do chefe da linhagem ou de uma determinada sangha.

Assim, cada sangha e tradição tem seu próprio procedimento de autorização. Alguns são rígidos e raramente autorizam alguém a ensinar, exceto o dirigente de uma instituição. Outros não são rígidos e autorizam qualquer monástico ou membro a dar instruções de introdução à natureza da mente (mesmo que tenham que fazer isso a partir de um livro!). Alguns são autorizados a dar essas instruções por um professor que não passou por nenhum procedimento formal de autorização. Podemos pensar que isso é irregular, mas acontece. Obviamente, em tal situação, é questionável dizer que se trata de uma linhagem de transmissão autêntica — mas certamente foi assim que o budismo começou. O Buddha era sua própria autoridade, porque era ele que *tinha o conhecimento*. Se alguém afirma ter o mesmo conhecimento que ele, como vamos saber que não tem? O Buddha nos dá muitos conselhos confiáveis sobre essa questão, como nos suttas *Kalama* e *Canki*. No conselho do Buddha aos Kalamas e a Kapadika, vemos que o Buddha não sugere que eles verifiquem se o professor teve ou não uma transmissão ou autorização genuína. Na verdade, em geral, naquela época, é bastante misterioso como alguém sabia que nível de realização a pessoa tinha alcançado. Os suttas apenas afirmam que um discípulo do Buddha tinha atingido um certo nível, e supõe-se que depois disso foi considerado autorizado a ensinar naquele nível. Só com o tempo pareceu necessário ter procedimentos formais de autorização. Então, para que os ensinamentos sejam mantidos puros, não contaminados e livres de distorções, é necessário ter um professor, não apenas para autenticar a experiência dos seus alunos, mas para determinar em que momento eles têm compreensão e realização suficientes para transmitir os ensinamentos a outros, e autorizar seus alunos a fazerem o mesmo.

Existe o perigo de o poder e a autenticidade da linhagem de transmissão enfraquecerem a cada vez que a autorização for passada adiante, porque é fácil fazer uma avaliação equivocada sobre o caráter e o nível de compreensão dos seus alunos. Quando há um professor realizado liderando a sangha, os erros podem ser detectados e corrigidos. Se professores menos qualificados estiverem autorizando seus alunos a ensinar e autorizando outros a ensinar antes do tempo, rapidamente as coisas começam a dar errado.

Minha experiência do procedimento de autorização

Estou apenas pouco a pouco aprendendo sobre o que me autoriza a ensinar, o que transmitir e como autorizar outros a seguirem meus passos. Talvez seja útil relatar como isso vem acontecendo.

Tudo começou com Kalu Rinpoche na Índia que, depois de dois ou três anos de prática, me pediu para voltar ao Ocidente para ensinar pelo meu exemplo. Mais ou menos naquela época,

Bokar Rinpoche, ao me dar instruções acerca da mente para o mahamudra, disse-me para apenas praticá-las e não ensiná-las durante três anos — o que demonstrou muita confiança em mim! Vários anos depois, Sua Santidade o XVI Karmapa me disse para voltar ao Ocidente e ensinar tudo o que eu sabia ao jovem Jampa Thaye (agora um lama), no seu recém-fundado centro de Dharma em Manchester. Quase exatamente três anos após a instrução de Bokar Rinpoche, comecei a traduzir para Gendun Rinpoche enquanto ele dava instruções de introdução à natureza da mente para o mahamudra. Esse papel significava que eu tinha que recorrer ao meu entendimento para encontrar as palavras a fim de traduzir o que Rinpoche dizia. Não sei como conseguiria ter traduzido para ele de outro modo, uma vez que há muitos casos em que não é possível traduzir do tibetano diretamente para o inglês.

Dessa forma, todos os meus professores rapidamente autenticaram a minha compreensão. Depois de pouco mais de cinco anos de prática, fui incentivada a ir para o Ocidente e ensinar o que sabia. Na época, meu conhecimento era severamente limitado (muito mais do que hoje!). No entanto, confiavam em mim para ensinar tudo o que meus professores me ensinaram. O papel deles era o de me encorajar, caso não me autorizassem formalmente a ensinar. Na época, havia tão poucos professores no Ocidente, e eu tinha muito mais conhecimento do que a maioria dos ocidentais que desejavam seguir os lamas, então, para mim fazia sentido ensinar tudo o que pudesse. Mas isso foi realmente uma autenticação e uma autorização? Em caso afirmativo, em que base me foram dadas? Será que foi em algum conhecimento sobrenatural derivado da leitura da minha mente ou do futuro? Foi um pressentimento de que eu era uma boa pessoa e não faria nenhum mal? Foi apenas para pavimentar o caminho para que professores melhores seguissem meu rastro? Ou será que eles reconheceram qualidades em mim como fé, respeito, comprometimento, persistência, estabilidade e bom entendimento do Dharma? Talvez a resposta seja que eles confiaram a mim para continuar a praticar bem e não superestimar meu próprio nível de compreensão. Em outras palavras, tudo se resumiu em confiar na minha conexão samaya com eles.

Embora tenha tomado as várias diretrizes dos meus professores como autorização para ensinar em algum nível, não pensei sobre o que a autorização formal poderia significar. Sabia que meus professores eram reconhecidos como professores realizados pela linhagem, por isso fazia sentido que eles pudessem me autorizar. Mas até onde eu estava autorizada a ir? Bokar Rinpoche e, mais tarde, Khenpo Tsultrim Gyamtso Rinpoche autorizaram-me a dar instruções de introdução à natureza da mente. Aceitei como verdadeiro que a minha capacidade de fazer isso dependeria tanto da minha prática contínua, quanto da capacidade espiritual dos meus alunos. Não me ocorreu que um dia eu teria que autorizar meus alunos não apenas a dar instruções de introdução à natureza da mente, mas talvez também autorizar seus próprios alunos a fazerem isso. Quando penso em aconselhá-los sobre como autorizar outras pessoas, percebo que tenho apenas minha própria experiência e meu discernimento para compartilhar.

Como já foi mencionado muitas vezes, é ensinado que o guru ou lama mais importante é aquele que nos introduz à verdadeira natureza da mente (mahamudra). Há cerca de vinte anos, um de meus alunos ouviu esse ensinamento e me perguntou se eu era lama. Eu não sabia o que dizer, então, quando tive oportunidade, perguntei a Khenpo Tsultrim Gyamtso Rinpoche se eu deveria responder sim ou não a essa pergunta. Ele me disse que com certeza deveria responder sim. Considerei isso como autorização e, desde então, me sinto disposta a permitir que outros confiem em mim nesse papel, embora eu não tenha alcançado nenhum nível perceptível de realização do mahamudra. Estou bem consciente de que só posso ensinar até o ponto em que cheguei. Fiquei com a sensação de que Khenpo Tsultrim Gyamtso Rinpoche não considerava seu papel me autorizar formalmente como lama, por isso ele só falou sobre isso na frente dos meus alunos e na minha frente. Foi a fé deles em mim que o levou a me autorizar.

Algum tempo depois, perguntei ao Rinpoche o que eu poderia dizer a um aluno que me perguntasse se ele estava autorizado a ensinar mahamudra a outro. Eu estaria autorizada a autorizá-los? Ele disse: "Sim, se eles tiverem fé em você, e se os alunos deles tiverem fé neles". Mais tarde, perguntei se poderia permitir que eles autorizassem seus alunos a ensinar mahamudra e, mais uma vez, ele disse: "Sim, se os alunos desses alunos tiverem fé neles".

Pelo que entendi, tudo isso dependia da minha interpretação correta do que Rinpoche quis dizer com fé nesse caso. Se eu interpretasse corretamente, então a sangha que constituí teria a possibilidade de desenvolver sua própria linhagem de transmissão do mahamudra. Se tivermos fé nos nossos professores e praticarmos bem, isso é possível.

Reputação e certificação

Embora eu tenha descrito minha experiência de como a autorização é dada na linhagem Mahamudra, não sei como em geral isso é aplicável. Até tudo isso acontecer comigo, baseei minha avaliação sobre se alguém estava autorizado a ensinar mahamudra na reputação que um professor tem entre seus professores e colegas. Muitos dos meus professores eram conhecidos como yoguins realizados de renome, então era fácil ter confiança na sua autoridade para transmitir a linhagem.

No meu caso, teria sido extremamente útil ter uma autorização ou certificação formal ao lado de colegas em posição semelhante. O mais próximo que tive da autorização formal foi Khenpo Tsultrim Gyamtso Rinpoche dizendo aos meus alunos para seguir minhas instruções, e Rigdzin Shikpo expressando aos meus alunos sua confiança em mim como professora. Khandro Rinpoche falou muito gentilmente sobre minhas qualidades como professora, o que me surpreendeu porque ela acabara de me conhecer. Da mesma maneira, Chokyi Nyima Rinpoche diz a assembleias inteiras de estudantes que sou uma grande erudita e praticante. Mais uma vez, não tenho certeza em que ele se baseia para dizer isso.

Gendun Rinpoche é um caso interessante porque ele não era muito conhecido quando Sua Santidade Karmapa o enviou ao Ocidente para ser o lama em sua residência principal na Europa, em Dagpo Kagyu Ling, em Dordogne, na França. Como não tinha experiência como professor e nem seguidores antes de vir para o Ocidente, Sua Santidade Karmapa se deu ao trabalho de escrever um certificado de autorização para ele, sobre o qual Gendun Rinpoche conversou comigo várias vezes; esse certificado era muito importante para ele.

Não tenho certeza do quanto isso era tradicional, ou se Sua Santidade Karmapa havia notado algo sobre como fazemos as coisas formalmente no Ocidente. Do mesmo modo, Khenpo Tsultrim Gyamtso Rinpoche começou a dar "passaportes" a seus alunos contendo a certificação de que havíamos concluído cursos de estudos específicos. Talvez essas ideias ganhem mais aceitação com o passar dos anos.

Na minha experiência, porém, a autorização é muito mais uma questão de confiança (samaya) do que de certificação. Se uma pessoa tem a reputação de ser confiável e autoriza outra que também é considerada confiável, a autoridade é inquestionável. Reputação aqui significa que alguém em quem confiamos diz que outra pessoa é confiável. A ciência também funciona assim; falamos sobre a ciência ser "validada pela experimentação", mas, na prática, nossa confiança na ciência vem mais por meio de revisões feitas por pares. Existe uma comunidade de cientistas em quem confiamos porque seus colegas confiam neles. É o mesmo no budismo. Khenpo Rinpoche é confiável por causa de sua reputação entre os eruditos e yoguins, e sinto que também sou confiável por causa da minha reputação. Gosto de pensar que as pessoas me julgam, como é sugerido no *Canki Sutta*, perguntando-se se há alguma razão para pensar que eu seria capaz de dizer que sei alguma coisa quando não sei.

Autorizar professores em papéis que não sejam de introdução à natureza da mente

Outras formas de autorização são relativamente simples e são discutidas no contexto de cada papel apresentado a seguir. Muitas vezes, é tanto uma questão de convenção, bom senso e necessidade prática quanto de qualquer outra coisa. Por exemplo, mesmo que o refúgio, os preceitos, o voto do bodhisattva, as leituras rituais, as meditações guiadas e outras transmissões possam ser dadas por qualquer pessoa que os tenha recebido, a pessoa que realmente os pratica em uma determinada sangha muitas vezes depende das convenções e da força da fé das pessoas. Muitas vezes, foram desenvolvidas convenções que não estão em conformidade com os princípios budistas aceitáveis, mas se tornaram tão comuns que ninguém as questiona. Discuto algumas delas no Capítulo 5.

PAPEL 6: ENSINAR A DOUTRINA DO DHARMA

Tradicionalmente, espera-se que os professores budistas deem conselhos espirituais sobre como viver e praticar como budistas. No entanto, no mundo acadêmico e em outros contextos sociais, o público está buscando informações sobre o budismo e sua tradição textual, em vez de conselhos sobre sua vida espiritual. A maioria dos professores que não segue nenhum dogma religioso dirige-se ao seu público com os dois objetivos em mente, mas outros professores preferem fazer uma distinção clara. Por exemplo, um professor budista poderia ensinar em instituições acadêmicas, on-line ou em centros de Dharma, dando palestras e ministrando cursos, sem se considerar um praticante budista, muito menos um professor ou guia espiritual. Muitas vezes, tais professores se tornam bem conhecidos porque traduzem e/ou escrevem livros sobre o budismo e são conhecidos por serem bons oradores. Outros professores budistas tendem a não fazer muita distinção entre ensinar a teoria ou a prática budista. A mesma palestra sobre o Dharma pode ser para um público misto, com alguns buscando orientação espiritual e outros, informações corretas.

Incluo nesta categoria qualquer pessoa que ensine sobre o budismo, seja dando uma palestra para o público em geral ou para aqueles do mais alto nível acadêmico. Esse papel está relacionado ao que Reginald Ray chama de "tradição monástica/acadêmica", no sentido de que é mais focada no estudo intelectual do que na prática e na meditação, como seria o caso na tradição yoguin/siddha. Na tradição tibetana, isso estaria mais relacionado com as faculdades (*shedras*) do que com os centros de retiro (*drubkangs*).

O papel de ensinar a doutrina do Dharma é o mais familiar para nós hoje. Encaixa-se facilmente com as nossas ideias convencionais sobre o que é um professor. Atualmente, em todo o mundo, a maioria das pessoas que começa a se envolver com o budismo o faz lendo livros de Dharma, assistindo vídeos, participando de palestras, ouvindo gravações on-line e assim por diante. A pessoa pode abordar o budismo dessa maneira por décadas, antes de começar a pensar seriamente em buscar um professor pessoal ou uma comunidade sangha. As pessoas absorvem o ensinamento como uma informação disponível sob demanda ou que está à venda, e não há nenhuma dúvida quanto à relação pessoal com o professor. Embora, em muitos aspectos, sejamos extremamente afortunados por ter tanto ao nosso alcance, essa abordagem tem suas desvantagens. Relacionar-se com o Dharma dessa forma acaba sendo massacrante e/ou desanimador. Pode ser confuso navegar aleatoriamente em todos os recursos modernos. Os professores usam a linguagem de maneira diferente, entendem o Dharma de maneiras diferentes e estão inclinados a dar seu toque particular às coisas. Isso vem acontecendo na tradição budista mais ou menos desde a época do Buddha. É preciso muita experiência até mesmo para reconhecer, quanto mais desvendar, todos os vários tópicos de debate que ocorreram ao longo da história do budismo. Se pegarmos um pouco de cada coisa em cada lugar, sem oportunidade de discutir qualquer uma delas com um professor da nossa confiança, acharemos difícil fazer algum progresso real no que diz respeito à prática. Mais cedo ou mais tarde, é necessário escolhermos uma abordagem específica e segui-la por algum tempo, até dominá-la o suficiente para sermos capazes de fazer um julgamento sobre ela.

Ao mesmo tempo, devemos admitir que ter tantas informações e conselhos disponíveis para nós antes mesmo de iniciarmos o caminho significa termos a possibilidade de fazer uma escolha qualificada sobre quais professores ou comunidade sangha finalmente seguiremos.

O Buddha usou essa abordagem no seu caminho para a iluminação. Na sua época, havia vários professores que reuniam seguidores, então ele teve que fazer o que nós fazemos: teve que examinar suas reputações e, depois de ter encontrado alguém que parecia confiável, examinou com sinceridade a doutrina que essa pessoa ensinava, colocando os ensinamentos em prática. Por fim, tendo rejeitado as doutrinas de um professor após o outro, teve que continuar sua busca por conta própria. O aprendizado que extraímos disso é que, mesmo se mudarmos de rumo mais tarde, tendo dominado a abordagem de um professor ou sangha, pelo menos partimos de uma base clara.

Autorização para ensinar a doutrina

Embora tentem manter um certo nível de objetividade ao autorizar o ensino da doutrina budista, as instituições acadêmicas estão sempre fazendo certas suposições e, mais tarde, algumas delas podem se revelar erradas. Muitos pontos de controvérsia têm sido discutidos desde a época do Buddha. Alguns deles têm implicações de longo alcance. Uma vez que tanto se contestou ao longo de 2500 anos de história budista, podemos sensatamente nos perguntar qual autoridade aceitar, quando se trata de autorizar professores de budismo. Temos razão em ser cautelosos. Qual versão do budismo devemos assumir como sendo a correta? Quais traduções e comentários são mais confiáveis do ponto de vista imparcial? Existem padrões por meio dos quais é possível julgar se o que um professor está dizendo vem de uma fonte respeitada ou não. Ainda assim, mesmo entre aqueles que seguem as mesmas fontes, as interpretações tradicionais podem ser radicalmente diferentes. Cabe ao aluno usar suas faculdades críticas e ficar alerta, assim como em todas as disciplinas do currículo acadêmico ocidental.

Nas instituições acadêmicas, é preciso haver uma hierarquia de professores e um mecanismo para nomeá-los para ensinar em níveis diferentes e em áreas diferentes. A mesma coisa se aplica às sanghas monásticas e não monásticas. O conhecimento dos temas doutrinários e fontes textuais pode ser examinado e avaliado de uma maneira relativamente simples. Ao ensinar no papel de um acadêmico ocidental, é preciso ter cuidado sobre a adesão aos padrões acadêmicos e à disciplina ocidental, o que significaria garantir que o papel de professor não se desvie para qualquer tipo de proselitismo ou orientação espiritual. No entanto, a menos que sejam puramente acadêmicos, a maioria dos professores budistas tenta combinar teoria e prática em seus ensinamentos, seja em eventos ao vivo ou em cursos on-line. No caso de os alunos não terem acesso próximo e pessoal a esses professores, mas sim aos autores de livros, a questão do que significa a relação professor-aluno realmente não se coloca nessas situações. Apesar disso, os alunos podem desenvolver fortes sentimentos de amor e gratidão pelos professores e escritores, cujas palavras os influenciaram profundamente. Não podemos negar que isso também é o princípio do guru e a mandala do despertar em ação no mundo.

Relacionando-se com um professor da doutrina

Embora se sentar diante do nosso computador ou ouvir um palestrante em uma sala de aula da universidade não tenha o ambiente de uma sala de meditação budista, podemos trazer para a situação uma noção do sagrado (adhishtana, conexão ou samaya). A influência espiritual (adhishtana) ainda pode estar em ação; é uma questão de grau e receptividade. Depende de nós pensarmos até nos professores acadêmicos como a atividade do princípio do guru. Se o fizermos, conseguiremos usar a situação para criar um bom karma e forjar boas conexões com o Dharma em prol do nosso bem-estar nesta vida e nas futuras. Podemos fazer fortes aspirações para encontrar esses professores muitas e muitas vezes, para que vivam por muito tempo e para que sua atividade em benefício dos outros floresça. Poderíamos procurar maneiras de contribuir com suas atividades fazendo doações e espalhando a palavra de que seus ensinamentos têm sido benéficos para nós.

Nas instituições budistas, há longos programas de estudo, exames e qualificações de alto nível que, em termos acadêmicos, são mais ou menos equivalentes a um doutorado ou cátedra no Ocidente; na tradição tibetana, por exemplo, são conferidos os títulos de Khenpo ou Geshe. No entanto, esses não são considerados apenas títulos acadêmicos, e tais professores são tradicionalmente tratados como gurus, com grande respeito, e vistos como fontes de adhishtana.

Assumindo o papel de professor da doutrina

Que tipo de atitude devemos tomar quando somos solicitados a ensinar o Dharma por nossos professores, instituições ou grupos de pessoas? Do nosso ponto de vista, dar palestras sobre o Dharma é compartilhar nosso conhecimento dos ensinamentos; isso ajuda nosso próprio processo de reflexão e aprendizado e, portanto, é uma forma de prática pessoal do Dharma. Digo a meus alunos que quando começarem a ensinar, nunca considerem que são mais realizados ou instruídos do que aqueles que aprendem com eles. Não há necessidade de tentar defender sua posição de professor, fingindo saber o que não sabem. Seu trabalho é simplesmente ser o mais fiel possível a si mesmos e ao Dharma. Essa é a atitude que eu mesma adoto e procuro me manter aberta para a possibilidade de que, em outro momento, algum aluno meu possa me ensinar. A propósito, não tome isso como um convite aberto para começar a bancar o guru para o professor. Existe um tipo de pessoa que tenta fazer isso, esquecendo que pediu ao professor para ensiná-la e não vice-versa.

PAPEL 7: DAR INSTRUÇÕES DE PRÁTICA

Incluo na categoria de dar instruções de prática qualquer pessoa que esteja ensinando a prática do Dharma, seja como um especialista ou apenas dando palestras edificantes sobre o Dharma. Embora alguém que nos ajude com a nossa prática do Dharma por meio de conselhos e orientações por um longo período esteja nos instruindo na prática do Dharma, nem todos dão instrução formal, e nem todos que dão instrução formal assumem a responsabilidade pelos alunos em um nível pessoal por longos períodos. Por exemplo, muitos professores de Dharma hoje em dia dão instruções de meditação e ensinam várias práticas de Dharma por meio de livros e gravações, cursos on-line e assim por diante. Embora estejam ensinando práticas do Dharma, eles provavelmente têm muito pouco contato pessoal com seus alunos e não mencionam nada sobre as conexões samaya, o adhishtana da linhagem, a relação com o guru, fé, devoção e coisas do tipo.

Muitas vezes, os professores nem mesmo chamam as práticas que ensinam de budismo ou Dharma para que não soe algo muito religioso para aqueles que não estão procurando por algo assim. No entanto, Dharma é Dharma, seja lá do que for chamado. Se as práticas conduzem ao caminho do despertar, elas são Dharma. Cada caso deve ser avaliado por seus próprios méritos. Dessa forma, por exemplo, atenção plena e meditação tornaram-se comumente consideradas práticas seculares. Da mesma forma, Trungpa Rinpoche apresentou seus ensinamentos Shambhala como seculares, a fim de atrair um público mais amplo. A mesma coisa se aplica àqueles em outras religiões (ou nenhuma religião) que ensinam as pessoas a agir eticamente, a não prejudicar e a beneficiar os outros e coisas assim. Mesmo que não chamem isso de budismo ou Dharma, eles ainda estão cumprindo um importante papel de guru. Tudo emana da bondade e da sabedoria do coração, da natureza búdica, e isso é o que o guru fundamentalmente é.

Tratar todos os que ensinam um comportamento que leva à felicidade para si mesmos e para os outros no presente e no futuro como manifestações do princípio do guru quer dizer que mostramos respeito, fazemos boas conexões, aspiramos encontrá-los novamente e trabalhar com eles ao longo de todas as nossas vidas a fim de levar todos os seres ao despertar. Para serem eficientes, os bodhisattvas precisam do maior número possível de boas pessoas trabalhando com eles!

O que torna o ensinamento do Buddha especial é que ele não apenas ensina ética, meditação e atenção plena como uma forma de nos trazer tranquilidade e felicidade nesta vida, mas, ainda mais importante, ele ensina o único caminho para o despertar. Despertar significa liberação completa dos sofrimentos do samsara. Precisamos de práticas que estejam de acordo com o ensinamento de como desenvolver o conhecimento profundo na nossa meditação (conforme descrito na seção anterior sobre instruções de introdução à natureza da mente). Existem muitas outras práticas, como amor e compaixão ilimitados; enviar e tomar para si (*tonglen*) com a respiração; exercícios de yoga; conduta do bodhisattva, como generosidade, disciplina e tolerância; preces de aspiração; rituais; fazer votos, e assim por diante. Para tudo isso, precisamos da orientação de professores confiáveis que possam nos dar todas as instruções necessárias.

Nem todo professor confiável está em posição de fornecer um fluxo de treinamento consistente e bem estruturado para cada novo aluno que chega. Para isso, é necessária uma comunidade sangha bem organizada, na qual os vários professores consigam trabalhar juntos para fornecer o conhecimento e as habilidades necessárias. Dentro desse tipo de comunidade, os professores podem dar as instruções e as orientações individuais que cada indivíduo precisa por um longo período.

Autorização para dar instruções de práticas

Na tradição budista, cada comunidade sangha tem seus próprios costumes em relação a quem está autorizado a ensinar as práticas do Dharma. Ao contrário do que acontece nos ambientes acadêmicos, não há requisitos padrão e muitas vezes nenhuma supervisão ou monitoramento do que está sendo ensinado ou quais precauções estão sendo tomadas. Isso deixa os professores budistas muito vulneráveis de várias maneiras. Enquanto em algumas sanghas os professores são indicados pelo professor principal da sangha, ou por um grupo de alunos sêniores, em outros contextos de sangha, não há nada que impeça alguém que aprende uma determinada prática de se tornar um professor para outras pessoas. É possível que isso leve a uma rica troca de ideias, mas, com a mesma facilidade, pode fazer com que os ensinamentos sejam diluídos e distorcidos, sem controle de qualidade para assegurar que sejam mantidos puros para a próxima geração. Nos países budistas, essa diluição e distorção tem sido um problema, mas como a sociedade como um todo era budista, os professores obedeciam às tradições, aos costumes e aos entendimentos budistas. No Ocidente, entretanto, a situação é totalmente diferente. A cultura ocidental é bem eclética e sincrética, no sentido de que todos se sentem livres para reunir uma série de elementos mais ou menos incongruentes e apresentar o resultado como algum tipo de abordagem nova ou única da realidade. Isso, às vezes, é elogiado como uma adaptação do Dharma ou do budismo para os ocidentais, e não existe uma estrutura de autoridade abrangente na tradição para impedir que aconteça. No meio cultural do relativismo, a opinião de todos sobre o que é e o que não é Dharma, ou budismo, é igualmente válida. Enquanto não aprendermos novamente a respeitar os argumentos racionais e as opiniões qualificadas, receio que os verdadeiros professores budistas continuem vulneráveis ao ataque dos populistas.

Não tenho certeza se muito ainda pode ser feito sobre isso, a não ser que cada comunidade sangha estabeleça seus próprios procedimentos de autorização, e certifique-se de que os professores sejam devidamente treinados, supervisionados e assessorados. Veremos a seguir como alguém está autorizado a transmitir práticas para as quais foi formalmente autorizado a praticar, tal como receber capacitação, transmissão de leitura e instruções na tradição tibetana. Não existe um padrão definitivo de autorização para transmiti-las além de ter recebido a transmissão inicial da maneira correta. Mais uma vez, cada comunidade sangha estabelece suas próprias convenções e procedimentos em torno desse processo, de modo que geralmente são apenas professores de alto nível que assumem o papel de apresentar novos textos de prática e instruções.

Uma pessoa que nos instrui nas práticas budistas pode ou não se oferecer para dar uma transmissão. Dependerá se ela mesma teve uma transmissão, se a situação se presta a esse tipo de formalidade ou se prefere deixar que os professores mais graduados assumam o papel mais formal de fazer as transmissões; em certa medida, isso será influenciado pela fé do aluno e pela cultura de qualquer sangha em particular.[*]

Autorização para dar meditação guiada

A meditação guiada é um fenômeno novo que surgiu nas últimas décadas no Ocidente, portanto, a noção de transmissão pela meditação guiada é um problema inteiramente novo. Minha sensação é que, se uma pessoa não tem autorização para dar instruções (em qualquer nível), qualquer meditação guiada que ela faça não deve ser apresentada como uma transmissão formal. A transmissão pode acontecer de qualquer maneira, mas isso é outra questão.

---

[*] Para mais discussão sobre a autorização para transmitir práticas do Dharma, ver "Dar instruções de introdução à natureza da mente", p. 97; e "Atuar como mestre vajra e guru *desafiador*", p. 148.

Um exemplo disso são os professores do movimento da atenção plena, e muitas sanghas ocidentais usam essa técnica para ensinar meditação. O professor faz com que os alunos se sentem em meditação e, em seguida, passa a explicar-lhes as instruções de meditação enquanto estão meditando. Não há menção de transmissão de adhishtana por meio de uma conexão viva com qualquer linhagem. No entanto, os alunos se abrem à influência espiritual do professor de uma forma bem intensa e íntima. Como devemos considerar isso no que diz respeito à relação professor-aluno? Às vezes fico alarmada com a maneira como um indivíduo se senta na frente de uma plateia e começa a dar instruções de como meditar, usando o mesmo tom de voz de autoridade tanto para suas próprias noções inventadas, como para as instruções padrão. As pessoas saem do evento pensando que isso é budismo e, presumivelmente, se sentem livres para inventar suas próprias práticas budistas, tal como acontece nas várias formas de cultura alternativa no mundo atual. As pessoas podem muitas vezes ser perigosamente crédulas.

É claro que, se o professor é um praticante genuíno com boas conexões com a linhagem, a meditação guiada é uma maneira de conectar as pessoas a uma linhagem autêntica, estejam elas conscientes de que isso está acontecendo ou não; isso deve ser algo bom. O perigo é que dar instruções por meio da meditação guiada pode encorajar as pessoas a se abrirem ingenuamente para outras situações em que não é seguro se abrir. As pessoas são muito sugestionáveis e, se não tomarmos cuidado, podemos induzi-las a fazer discriminações inadequadas.

Uso a meditação guiada para transmitir várias práticas. Percebi que, quando estão em meditação, os alunos estão totalmente abertos para receber instruções. Permitem que suas mentes sejam conduzidas para um espaço em que sua fé e meu entendimento possam fluir juntos. É possível que nossas mentes se encontrem e uma transmissão genuína possa acontecer. Mesmo que isso não aconteça de imediato, a conexão e o fluxo de adhishtana oriundo da linhagem que foi criado poderia amadurecer mais tarde.

Autorizei, também, os mentores da Sangha do Coração Sagrado a introduzir nossas instruções específicas de meditação usando o formato de meditação guiada como uma transmissão formal. Fiz isso com o objetivo de apresentar aos alunos o sentido de transmissão da linhagem desde o início, para aqueles que desejam pensar dessa maneira. Nem todo aluno está nesse ponto. Para eles, as instruções são passadas simplesmente como conselhos.

Discuti essa forma de dar transmissão com Rigdzin Shikpo, e ele achou que parecia boa, embora eu tivesse que ver com o tempo como funcionaria. Como a tradição chama esse tipo de transmissão? Penso nisso como uma forma aumentada de uma instrução de introdução à natureza da mente. É uma forma de dar instruções de prática, mas aqui as ministramos muito lentamente, garantindo que os alunos estejam totalmente presentes, em vez de apenas ouvir e tomar notas. Se é ou não uma instrução de introdução à natureza da mente depende do surgimento da experiência e da realização reconhecidas no aluno e da confirmação de um professor.

Embora essa não seja uma forma tradicional de transmissão, ela não está longe disso. Muitas vezes vi Khenpo Tsultrim Gyamtso Rinpoche inventar espontaneamente seu próprio formato para uma transmissão ou ritual, e ele incentivou Rigdzin Shikpo e eu a encontrarmos maneiras que funcionassem para nossos alunos no Ocidente. De um modo geral, ele não era favorável a rituais longos e elaborados, pois sentia que um ritual que fosse curto e espontâneo funcionaria bem. Rigdzin Shikpo faz transmissões, e até mesmo práticas, na forma de meditações guiadas. Na verdade, o que são muitos dos textos de práticas tradicionais além de meditações guiadas em forma escrita, que são, então, recitados várias vezes na meditação?

PAPEL 8: DAR ORIENTAÇÃO ESPIRITUAL PESSOAL

O papel de dar orientação espiritual pessoal envolve assumir a responsabilidade pelo desenvolvimento geral de um único aluno, dando orientação espiritual por um longo período ou pelo menos em uma base contínua por determinado período. Isso não significa necessariamente assumir o papel de dar instruções de introdução à natureza da mente de alto nível, o que exigiria um yoguin realizado, mas significaria prepará-lo para tal encontro, caso isso aconteça com ele nesta vida. Muitos de nós podemos nos oferecer para desempenhar esse papel pelos outros apenas por estarmos comprometidos a trabalhar dentro da nossa comunidade sangha, ajudando uns aos outros. Estou falando aqui de uma comunidade sangha onde os alunos vivem juntos, apoiando uns aos outros por longos períodos, para que possam buscar uma conexão pessoal com alguém que assumirá o papel de um guia espiritual capaz de acompanhá-los nos altos e baixos de suas vidas, incluindo a morte. Incluo nessa categoria professores sêniores do mais alto nível que assumem a relação professor-aluno de longa duração pelo menos com as pessoas próximas a eles, e outros que desempenham um papel semelhante em um nível muito mais elementar como mentores ou guias. Algumas pessoas são excelentes guias espirituais, apesar de não serem particularmente realizadas ou não gostarem de dar palestras e instruções detalhadas. Então, mais uma vez, há alguns professores que estão dispostos a instruir e ensinar em termos gerais, mas não a assumir a responsabilidade por alunos pessoais por um longo período.

Na Triratna Buddhist Community*, eles têm papéis chamados mitra e kalyanamitra, que eu diria que também se enquadram nessa categoria. Às vezes, a pessoa se sente mais confortável sendo chamada de mentor do que de professor, diretor ou guia espiritual. Há muitas semelhanças entre o que nós como budistas ocidentais chamamos relação professor-aluno, ou relação mentor-discípulo, e o que hoje em dia é denominado uma relação de cuidado pastoral. Escrevendo sobre este assunto, Karl Baier lista seis pontos que denotam mudanças na compreensão cristã contemporânea da direção ou da orientação espiritual que são muito relevantes para o papel de um professor que estamos considerando aqui.**

Ele faz muitas observações importantes, incluindo como esse processo está se tornando cada vez mais ecumênico e profissionalizado. Uma razão para esse último é que, para que os dirigentes ou guias espirituais possam dedicar o tempo necessário à sua atividade, ela precisa prover algum tipo de renda. Nos dias de hoje, é possível participar de programas de treinamento que ajudam a familiarizar potenciais dirigentes ou guias com o tipo de conhecimento psicológico que precisam ter para ajudar outras pessoas e evitar situações de abuso. Sinto cada vez mais que essa é a direção que o mundo budista precisa tomar, sem perder de vista a importância de todos os outros papéis que listei.

Sobre que tipo de coisas um aluno pode buscar orientação? Talvez seja sobre meditação ou como praticar na vida diária;

---

* N.T.: A Comunidade Budista Triratna é um movimento mundial de pessoas que praticam os ensinamentos budistas nas condições do mundo moderno, fundada por Sangharakshita, no Reino Unido, em 1967. Descreve-se "como uma rede internacional dedicada a comunicar verdades budistas de maneiras apropriadas ao mundo moderno". https://en.wikipedia.org/wiki/Triratna_Buddhist_Community

** Karl Baier, *Spiritual authority: a christian perspective*, [Autoridade espiritual: uma perspectiva cristã], *Buddhist-Christian Studies* 30 (2010): p. 107–19.

como lidar com as emoções negativas; como enfrentar a morte; como lidar com o luto, com a depressão, com relacionamentos difíceis ou problemas de comunicação; como a sangha funciona; quais livros deveria ler; que prática deve fazer a seguir; se deve participar de retiros ou eventos específicos; como fazer um retiro em casa; como tomar refúgio, como fazer o voto de bodhisattva, e assim por diante. Essas questões podem muito bem ser dirigidas a outro membro da sangha e não ao professor principal da sangha — dessa forma, é possível desenvolver um esquema de orientação formal ou informal. Quem quer que se encarregue da orientação precisa tomar cuidado para não tentar responder a perguntas além da sua autoridade ou experiência. Se necessário ou possível, deveriam direcionar o aluno para alguém mais adequado.

Como se relacionar com um guia ou mentor espiritual

É importante compreender que pedir conselho a uma pessoa em quem confiamos e cuja orientação vamos levar a sério significa colocá-la no papel de um professor espiritual, pelo menos temporariamente. Vale a pena dizer isso, porque às vezes as pessoas tentam evitar uma relação professor-aluno por vários motivos. Pode ser simplesmente porque têm medo dos professores desde os tempos da escola; há todos os tipos de possibilidades aqui. Acho que é importante tratarmos qualquer pessoa a quem buscamos orientação espiritual como se ela estivesse desempenhando o papel de professor ou guru, dirigindo-nos a ela com respeito, levando seus conselhos a sério, mesmo que não os adotemos no final. Em um contexto de sangha, muitos conselhos e orientações que são dados não estão estritamente ligados a uma relação formal professor-aluno, mas vale a pena considerar tudo como parte integrante da mandala do despertar e, de alguma forma, como vindos do guru enquanto princípio.

Todas as nossas relações com guias ou diretores espirituais precisam ser abertas e honestas. Pedir orientação espiritual é pedir ajuda para seguir o que deve ser essencialmente a nossa própria inspiração. Não é uma questão de responder corretamente ou agradar o professor dizendo coisas que achamos que ele quer que digamos. Ser honesto é o único caminho a seguir. Mesmo se não tivermos certeza do que acreditamos ou compreendemos, podemos experimentar coisas, cometer erros, não entender a situação corretamente — e continuar aprendendo. A orientação espiritual consiste em nos ajudar em todo esse processo. Um espírito de honestidade e confiança em uma sangha consegue ajudar todos os envolvidos a revelar o Dharma, a verdade viva dos ensinamentos. Às vezes, podemos sentir sua presença quase tangivelmente na sala enquanto conversamos e praticamos juntos, ouvindo para receber sabedoria. Para mim, isso confirma que o poder do adhishtana do Buddha, o princípio do guru, ainda está ativo no mundo hoje; essa era não é totalmente escura!

Grupos de discussão podem ser um complemento útil no processo de receber orientação espiritual. Ouvir outros alunos que estão preparados para serem honestos sobre suas dificuldades é algo que nos ajuda a ganhar confiança para também sermos honestos e fazermos nossas próprias perguntas. Às vezes, um aluno me pergunta algo como que se desculpando. Sente que sua pergunta é embaraçosamente básica, algo óbvio que ele deveria saber. Mas, ao ter a abertura, a coragem e a honestidade de perguntar, ele ajuda muitas outras pessoas que não foram corajosas ou transparentes o suficiente para fazê-lo.

Quando dou conselhos aos alunos, gosto de ouvir se eles os experimentaram e o que aconteceu — mesmo que nada tenha acontecido ou que tudo tenha dado muito errado. Isso é vantajoso para mim, e provavelmente para todos, pois chama a minha atenção para a forma como as pessoas ouvem as coisas e o efeito daquilo que eu digo. Sou solidária em ouvir os antecedentes dos problemas das pessoas. No entanto, ao fazer tradução para os professores tibetanos, percebi que eles preferem não ouvir muito sobre o passado, preferindo que as perguntas sejam curtas e diretas. Também notei que muitas vezes eles recorrem a fórmulas padrão, que são empáticas e significam muito em tibetano, mas não parecem tão complacentes para a maioria dos ocidentais. Podem ser afirmações como: "Isso é um problema de apego ao ego", ou "Isso é um problema de karma". Essas observações são muito diferentes para um budista tradicional em comparação com muitos ocidentais, que podem ouvi-las como crítica pessoal ou condenação. É por isso que tendo a ser cuidadosa ao introduzir essas ideias. Assim, cada professor desenvolve seu estilo e abordagem particular com base em sua própria experiência.

Se alguém perceber que, apesar dos seus esforços para se envolver com um professor ou sangha, sua fé está diminuindo, então algo está errado. Percebi que, quando isso acontecia com meus amigos tibetanos, eles davam um passo atrás por um tempo, considerando ser essa a coisa mais sensata e saudável a fazer. Não há necessidade de começar a culpar ninguém ou a dizer coisas negativas. Basta apenas perceber que nossa fé diminuiu. Não vale a pena fingir que temos mais fé do que de fato temos.

Às vezes, não consideramos o conselho ou a orientação que estamos recebendo particularmente proveitosos. Por exemplo, um professor a quem recorremos em busca de orientação pode nos dizer para orarmos constantemente de modo unificado no guru e que sempre receberemos suas bênçãos. É possível que ele tenha dito isso em um momento em que nem temos certeza se somos budistas, nem mesmo o que significa orar ou ter um guru. Não há necessidade de reagir e culpar o professor ou a si mesmo. Só porque não achamos o conselho útil, não significa que o professor seja confuso ou que estejamos falhando de alguma forma.

Em tais situações, poderíamos ter uma atitude mais infantil, talvez participando de algumas coisas ou fazendo uma tentativa sem realmente ter muita convicção. Sempre podemos ser respeitosos, dizendo que não temos certeza, mas vamos tentar, com a ideia de que um dia conseguiremos entender as coisas de forma diferente. Só porque não conseguimos seguir todos os conselhos e orientações, não significa que somos casos perdidos ou que não possamos praticar com o resto da sangha. Cada pessoa é diferente e se relaciona com os vários ensinamentos de forma diferente. O importante é ter clareza sobre onde estamos naquele momento.

Os professores podem ensinar, aconselhar e orientar, mas os alunos precisam ouvir com atenção e refletir sobre o que ouvem (como no *Canki Sutta*). Um bom aluno é aquele que tem fé suficiente para pensar e refletir, e voltar para o professor com dúvidas e confusões.

Autorização para aceitar alunos pessoais de longo prazo

Tal como acontece com todos os procedimentos de autorização no budismo, não existem regras rígidas e rápidas sobre como e quando uma pessoa pode começar a aceitar alunos pessoais de longo prazo. Parece fazer sentido verificar com nossos professores se eles acham que estamos prontos para aceitar nossos próprios alunos. Se eles vão nos autorizar ou não, isso vai depender de que tipo de papel esses professores estão desempenhando para nós. Por exemplo, se eles fossem nosso diretor ou guia pessoal há muito tempo, provavelmente teriam uma opinião. Ainda assim, se pertencessem a uma sangha em que outra pessoa da hierarquia institucional tivesse autoridade para nomear professores, é possível que não nos encorajassem a fazer isso. Podemos ainda decidir aceitar alunos pessoais que tenham confiança em nós. Não há razão para não fazermos isso, mas se pertencermos a uma sangha que tem visão, valores, ethos e procedimentos claros, fazer isso pode criar confusão e desconfiança. Existe também o perigo de estarmos assumindo mais responsabilidade do que estamos prontos para assumir, ou de darmos um mau exemplo que leve outros a aceitarem alunos prematuramente. Isso não precisa ser um grande problema. Às vezes, as pessoas seguem um determinado membro da sangha como seu guia espiritual não oficialmente, sem a necessidade de qualquer autorização especial.

Se as sanghas budistas ocidentais começarem a pensar em termos de treinamento profissional para alguém assumir o papel de diretor ou guia espiritual, nos próximos anos a autorização talvez se torne uma questão de a pessoa concluir um tipo de programa de treinamento que seja reconhecido como um processo de certificação formal. Enquanto isso, cada comunidade sangha está no processo de formar suas próprias políticas de autorização, seja formal ou informalmente.

Quão necessário é ter um professor ou um guia principal?

Ensinamentos sobre a relação professor-aluno tendem a soar como se devêssemos ter apenas um diretor espiritual ou guia principal. A razão para isso é prática. Não conseguimos seguir várias direções diferentes ao mesmo tempo. Ao nos juntarmos a uma sangha ou um professor principal, temos maior probabilidade de aprender de uma maneira integrada. Cada professor realiza a complexa tarefa de ensinar o Dharma de maneira diferente. Os princípios podem ser os mesmos, mas o estilo de ensinar pode variar muito.*

---

* Ver também "O que é um guru-raiz?" p. 185; "O que significa dizer que alguém é meu guru?" p. 203; e "O comprometimento com um guru precisa ser exclusivo?" p. 200.

Precisamos de coerência na abordagem, pelo menos no início. Isso pode ser encontrado em uma situação de sangha com convenções bem estabelecidas e um professor principal auxiliado por assistentes. Em tais comunidades, todo mundo tende a se referir ao professor principal como seu diretor espiritual ou lama, embora a pessoa que procuram com mais frequência para pedir orientação talvez seja um dos alunos sêniores desse professor principal. O chefe da sangha pode ser uma figura relativamente distante que raramente alguém vê, portanto, em termos de uma relação pessoal com um professor, um dos alunos mais antigos é que é de fato o professor principal. Isso é perfeitamente normal na tradição budista. Tudo o que é dito em termos de como se relacionar com o guru, agora se aplica ao professor principal e ao próprio professor pessoal, vistos como inseparáveis em essência.

E se não tivermos um professor principal com quem possamos nos relacionar? Ainda assim conseguiremos progredir no caminho espiritual? Existem muitas maneiras de progredir; cada um de nós está em um estágio diferente da jornada. Para muitos, é suficiente ser membro de uma boa sangha com professores, mentores e colegas que podem ajudá-los ao longo do caminho. No entanto, para realmente penetrarmos nas profundezas do Dharma, atingirmos a realização e termos nossa experiência autenticada, precisamos de alguém para assumir a responsabilidade por nós, e precisamos ter uma noção de comprometimento (samaya) com essa pessoa.

Um professor ou guru que assume o papel de criar e manter uma comunidade sangha está à procura de alunos pessoais que ajudarão a cuidar dos outros alunos da comunidade. A lealdade se torna uma questão importante. Um professor talvez não se sinta disposto a dar muito tempo a um aluno que não está comprometido com a sua sangha. Isso é apenas uma questão de bom senso; não se pode fazer tudo. Ajudar a apoiar a situação da sangha é uma maneira de mostrar ao nosso professor o quanto podemos ser confiáveis. Isso aprofunda a relação entre o aluno e o professor nesta vida e nas vidas futuras. É uma das melhores formas de servir ao professor.

Na minha experiência, quando encontro outros professores ou gurus, o fato de poder dizer que sou uma aluna pessoal de Khenpo Tsultrim Gyamtso Rinpoche (ou de meus outros lamas) ajuda-os a me situar dentro da tradição e da linhagem. Pode até significar que podem confiar em mim e me dar permissão de receber ensinamentos e outras coisas que normalmente estariam abertos apenas para seus alunos mais próximos. No entanto, o que significa dizer que alguém é aluno pessoal de um determinado professor? Cada um de nós tem uma história diferente para contar. Para alguns, pode ser que tenham sido um assistente pessoal próximo desse professor, enquanto para outros pode simplesmente significar que estiveram presentes nos seus ensinamentos e seguiram a sua orientação durante muitos anos.

O ponto aqui é que, quando nos atemos a uma sangha ou situação de ensinamento, a confiança aumenta à medida que nossa compreensão e conexões samaya se aprofundam. Isso quer dizer que agora somos capazes de apreciar os professores de outras sanghas mais profundamente, e eles serão capazes de reconhecer e confiar no nosso comprometimento com o Dharma. Seguir um professor não precisa nos limitar, mas pode enriquecer e aprofundar nossas conexões com a tradição budista mais ampla.

Isso contrasta com uma situação parecida com uma seita em que os devotos são proibidos de pensar livremente, ouvir ou mesmo ler os ensinamentos de outros professores. Contudo, um professor talvez aconselhe os alunos a não ler demais, ou a não procurar outros professores uma vez que tenham escolhido o seu professor ou sua "casa" de sangha. Esse, talvez, seja um bom conselho por um tempo. Um estudante precisa aprender o estilo particular de um professor e da sangha para ser merecedor do seu reconhecimento. Como com qualquer coisa, se quisermos aprender algo corretamente, devemos permanecer com um determinado professor até que tenhamos dominado o que ele tem a nos ensinar. O Buddha demonstrou isso em sua própria história de vida.

PAPEL 9: CONCEDER VOTOS

Alguns votos exigem que o aspirante receba seus comprometimentos de um preceptor; esses incluem os cinco preceitos, refúgio e votos de bodhisattva. Nos países budistas, é costume pedir aos monges sêniores que desempenhem o papel de preceptor para os diferentes níveis de ordenação monástica, bem como os cinco preceitos básicos para leigos. Se ninguém sênior estiver disponível para assumir esse papel, então qualquer pessoa que tenha tomado refúgio formalmente, qualquer conjunto de preceitos e/ou votos do bodhisattva, e que conheça os rituais corretos, seria capaz de concedê-los a outras pessoas. A quem vamos pedir refúgio e os outros votos é uma escolha nossa. É provável que peçamos para alguém em quem confiamos e temos fé. Dentro de uma determinada sangha, seguimos as convenções estabelecidas por ela tanto quanto possível. Às vezes, as pessoas pedem para fazer o voto do bodhisattva com um professor em quem têm fé, com o propósito de fortalecer sua conexão espiritual com ele; também podem fazer isso com vários professores. Alguns lamas vão dar refúgio a pessoas que já tomaram refúgio com o mesmo propósito, mas eu pessoalmente só faço isso nas ocasiões em que há alguma noção de samaya danificado, em relação às vezes anteriores em que a pessoa tomou refúgio.

Quando alguém concorda em nos conceder votos, é dever dessa pessoa verificar se compreendemos com o que estamos nos comprometendo e nos dar instruções sobre isso. Até esse ponto, um preceptor é um professor. Alguns preceptores veem seu papel se estendendo para além de meramente dar os preceitos, e exigem que relatemos regularmente a eles como estamos mantendo os preceitos. Acho que há espaço para que se possa fazer mais em relação ao papel do preceptor nas sanghas ocidentais não monásticas. Na Comunidade Triratna, por exemplo, o papel do preceptor é combinado com o de guia ou amigo espiritual, e há encontros regulares com outros membros da Ordem Triratna, nos quais são praticados a confissão e o regozijar-se no bem feito pelos outros. Há algumas ideias valiosas aqui para outras sanghas sobre como fortalecer nosso comprometimento com os votos que fizemos. Na Sangha do Coração Desperto, os alunos comprometidos com a sangha realizam a celebração da lua cheia a cada mês para renovar seus votos; na lua nova recitamos orações formais de confissão e, anualmente, no Dia da Iluminação do Buddha, em maio, renovamos nossos votos em frente à estupa do Hermitage (centro de retiro) com aqueles que os fazem pela primeira vez.

Existem regras claras no Vinaya (textos que tratam da disciplina monástica) sobre como são dados os diferentes níveis de ordenação leiga e monástica, e quem está autorizado a dá-los. A ideia aqui é que, ao manter as convenções e rituais formais associados ao conceder e receber votos, o adhishtana associado com mantê-los é aumentado. Uma vez que realmente não sabemos com que pureza a linhagem dos doadores de votos manteve seus votos ao longo dos milênios, não sabemos de fato quanto adhishtana uma linhagem tem. Mesmo assim, há algo na própria forma que chegou até nós que, presumivelmente, carrega consigo um traço de adhishtana.

No Vajrayana (também chamado de budismo tântrico), existem várias formulações de votos chamados vajra samayas. O professor é responsável por explicar isso aos alunos e certificar-se de que eles entendam com o que estão se comprometendo. É papel do guru que dá o abhisheka vajrayana conceder os votos e os samayas no momento de fazer o abhisheka. Idealmente, o guru e os alunos que recebem o abhisheka juntos realizam celebrações (*ganachakras*) regularmente, como, por exemplo, em cada lua cheia, para confessar e renovar os seus votos conjuntamente.

PAPEL 10: CONDUZIR RITUAIS

Embora os rituais estejam envolvidos em muitos dos papéis já mencionados, considero a realização de rituais uma categoria à parte porque, nos países budistas tradicionais, grande parte do papel do professor é realizar rituais para a comunidade. Monges, yoguins ou sacerdotes leigos são frequentemente convidados a desempenhar esse papel, mesmo que não desempenhem nenhum outro papel como professor. Por exemplo, é possível realizar rituais quando as pessoas morrem ou para ajudar os enfermos; para trazer paz e prosperidade para a comunidade; formalizar casamentos ou abençoar os filhos; ordenar monges; celebrar os festivais budistas anuais; inaugurar templos, estupas ou imagens; instalar relíquias; fazer oferendas aos nagas; fazer oferendas de fumaça ou de fogo, e assim por diante. Presidir rituais desse tipo pode se tornar uma parte significativa do papel do professor.

Tradicionalmente, em um ambiente monástico, haveria um mestre de rituais, um monge que se especializou em rituais e instruiu todos sobre como fazê-los corretamente. A ideia aqui é que, quando as regras dos procedimentos rituais são seguidas corretamente, os rituais têm um poder mágico; seu adhishtana aumenta, o que significa que eles são mais eficazes, tanto neste mundo quanto em outros mundos que se interpenetram com o nosso. Acredita-se também que rituais conduzidos incorretamente podem causar danos reais, irritar espíritos e outros seres, causando calamidades de vários tipos.

O papel de dar um abhisheka vajrayana e outros processos rituais para transmitir adhishtana são discutidos no contexto de outros papéis.*

PAPEL 11: CONSTRUIR A SANGHA

O papel da construção da sangha é desempenhado/realizado pelos chefes das linhagens, instituições e comunidades e todos aqueles que assumem a responsabilidade de construir, manter e liderar uma comunidade sangha. A criação de qualquer condição de ensinamento ou comunidade é um processo de mão dupla entre a disposição do professor de ensinar e se engajar, e a disposição dos alunos de criar um ambiente adequado para que isso aconteça. As sugestões e atitudes dos alunos são vitais. Isso é o que Rigdzin Shikpo chama de princípio de troca de energia. Para criar e manter a mandala da sangha, o professor e os alunos devem ser comprometidos, confiantes e leais uns com os outros. Um número suficiente de pessoas precisa se comprometer por um longo período para ajudar a preservar a visão, os valores e a integridade da sangha, tanto no presente como para as gerações futuras.

Nem todo professor assume a responsabilidade de construir ou manter uma situação de comunidade sangha. Por exemplo, um professor pode optar por se limitar a eventos de ensinamentos pontuais ou aceitar alunos pessoais, sem se envolver em qualquer organização ou tentar estabelecer uma comunidade formal. Os alunos podem ter uma noção de comunidade apenas

---

* Ver "Transmitindo o adhishtana da linhagem", p. 83; e "O guru vajrayana dando ensinamentos e abhisheka", p. 152.

por serem alunos do mesmo professor, organizar e participar dos eventos de ensinamento. Mais cedo ou mais tarde, porém, surge uma lacuna entre os recém-chegados e os veteranos, e surgem questões de como fazer o melhor uso da situação. Quem é o responsável por tomar esse tipo de decisão? Não seria ótimo ter um tipo de centro? Antes que percebamos, uma organização é necessária. Se o professor principal não assumir o papel de construir a sangha, será muito difícil para qualquer outra pessoa fazer isso. Uma vez que um professor assume esse papel, o desenvolvimento da sangha depende de como ele decide dirigi-la.

Assim, para uma sangha ocidental surgir, alguém deve tomar a iniciativa de construí-la. Geralmente é uma pessoa no papel de professor ou guru. Em seguida, é necessário que haja algum mecanismo para manter a comunidade sangha funcionando depois que o guru fundador falecer. Um novo líder, um sucessor ou um conselho pode então assumir o controle do desenvolvimento posterior da sangha. Idealmente, haverá pelo menos uma pessoa desempenhando cada um dos papéis de guru listados acima, mas as situações variam muito. É possível que haja alunos dispostos e capacitados para ajudar a sustentar a situação da sangha, mas não para desempenhar todos os outros papéis; nesse caso, é possível que a sangha ache difícil continuar por muito tempo. Alternativamente, uma sangha pode gerar uma série de submandalas, cada uma com seus próprios professores, sede e programas. É assim que surgem as ramificações das linhagens a partir de uma fonte original comum; é um sinal de transmissão bem-sucedida, especialmente quando todas as sub-ramificações estão em harmonia e apoiam umas às outras.

No caso em que um professor não dá muita atenção à construção de uma sangha, quando esse professor morre (ou mesmo muito antes), seus alunos se veem abandonados à própria sorte e muitas vezes se sentem perdidos e insuficientemente apoiados em sua prática. Desejam ter colegas e algum tipo de estrutura dentro da qual possam treinar, compartilhar o Dharma com outras pessoas e ajudar a espalhar o Dharma no mundo.

Na Sangha do Coração Desperto, onde atualmente corporifico o princípio central (nossa visão, valores e ethos), temos uma declaração cuidadosamente redigida sobre nosso objetivo e visão, à qual prestamos nossa lealdade e que sobreviverá a mim. Chamamos isso de "o princípio central da Sangha do Coração Desperto", ao qual os membros ainda poderão prestar sua lealdade muito depois que eu partir. Em suma, o objetivo é "o Despertar de todos os seres por meio da criação de um veículo para garantir a presença no mundo de uma conexão genuína com o Despertar para aqueles que buscam por ele". Todas as pessoas que corporificam esse princípio e compartilham a mesma visão e valores criam uma mandala baseada nesse princípio central. Pode funcionar tão bem quanto ter uma única pessoa sustentando o centro, se não melhor.

Penso no papel do lama em minha sangha nestes termos: Khenpo Tsultrim Gyamtso Rinpoche e meus outros lamas me ligam à linhagem por meio do seu adhishtana e da sua confiança em mim. Todos eles me orientaram a ensinar. Isso me dá a confiança de que o vínculo que ofereço aos meus alunos com essa linhagem é autêntico e poderoso. Se tiverem fé de que é isso que acontece, os alunos vão ouvir os ensinamentos que dou com o tipo de atitude que fortalecerá a mandala de ensinamento que estamos criando. Enquanto trabalhamos juntos para criar essa situação, estamos servindo ao Buddha, à linhagem e a todos os seres que vão se beneficiar dela. Todos nós acumularemos karma positivo (punya, o poder da bondade) e construiremos conexões que nos acompanharão vida após vida a serviço do Dharma.

Como eu queria estabelecer uma situação de sangha que sobrevivesse a mim, tentei garantir que construíssemos uma mandala atuante baseada nos princípios e nas propriedades das mandalas. Isso significa garantir uma dedicação de tempo suficiente para discutir nossa visão, valores, ethos e princípios organizadores no *coração* da mandala. Meus alunos e eu precisamos considerar como proteger a sangha das influências externas indesejadas. Trata-se de um processo de esclarecimento do que constitui os membros da sangha, e quais marcadores ou processos devem estar no seu devido lugar, como portas de acesso nos pontos-chave do envolvimento de um aluno dentro da sangha. Essa é a nossa melhor tentativa de garantir que a próxima geração que deseja seguir o Dharma no Ocidente tenha muito mais facilidade do que qualquer um de nós, porque já haverá alguma coisa efetiva no lugar para que eles possam se estabelecer.

Uma sangha precisa que cada pessoa que participa dela compartilhe os valores daquela sangha específica. Isso requer tempo e educação, tanto formal quanto informal. Cada pessoa deve ocupar seu lugar na estrutura da sangha com integridade, apoiando os outros de maneira simples e honesta e também sendo apoiada. Os vínculos de samaya mantêm a estrutura da mandala unida; no caso de uma sangha, esses vínculos são nossas conexões de coração uns com os outros e nosso comprometimento com o princípio central da mandala. Ao nos comprometermos dessa forma, e ao ocuparmos nosso lugar com respeito e dignidade, ajudamos a aumentar o adhishtana ou o poder de toda a mandala. Isso, por sua vez, nos apoia e também apoia a nossa prática nos momentos bons e ruins. Na verdade, fazer a nossa parte na sangha fortalece nosso samaya com toda a linhagem, que é a base para alcançarmos o despertar quase sem esforço. Lembre-se de Ananda, o fiel assistente do Buddha, por exemplo. Ele não atingiu o despertar completo durante o tempo em que o Buddha estava vivo, mas depois que o Buddha morreu, ele rápida e agilmente alcançou o despertar porque havia lançado as bases durante todos aqueles anos servindo ao Buddha. Assumir o seu lugar na mandala e estar comprometido, cumprindo seus deveres de maneira confiável e ajudando os outros pode ser um caminho para o despertar.

Como meus alunos mais comprometidos e eu tentamos fazer o melhor possível para corporificar nossos valores fundamentais de abertura, clareza e sensibilidade, isso tem poder (adhishtana) para se comunicar e inspirar os outros a fazerem o mesmo. À medida que nossa compreensão se aprofunda, percebemos que nossas imperfeições não são reais, mas nossa verdadeira natureza é. Gradualmente, à medida que trabalhamos juntos, alunos e professores em uma situação de sangha que todos criamos, ajudamos uns aos outros a reconhecer a nossa verdadeira natureza e ganhar confiança nela.

PAPEL 12: ATUAR COMO MESTRE VAJRA E GURU "DESAFIADOR"

Discuto três categorias distintas nesta seção:

O guru siddha do Vajrayana
O guru Vajrayana que dá abhisheka e ensinamentos
O papel de desafiar o ego do aluno

O guru siddha do Vajrayana

O guru vajra é o tipo de guru que Trungpa Rinpoche mencionou como o professor vajrayana, a quem o aluno se entrega completamente. Acho que por "entrega" ele quer dizer o que eu chamaria de "abertura". O discípulo deve estar completamente aberto ao guru, o que significa renunciar às defesas do ego. Lemos nas histórias de vida dos grandes mestres, seja dentro da tradição Vajrayana ou não, que em geral eles conseguem ver diretamente a mente de seus alunos e saber exatamente o que precisam para progredir no caminho espiritual. Exigem obediência de seus alunos mais próximos e os colocam em diversas grandes provações para fortalecer sua determinação, purificar seu karma negativo remanescente e acelerar seu progresso para a iluminação. Esse tipo de relacionamento funciona quando o guru é um siddha (um yoguin altamente realizado), e quando o discípulo tem uma conexão cármica muito forte com o guru e praticou bastante em muitas vidas anteriores. A maioria de nós não tem esse tipo de karma e não somos alunos perfeitos. Muitas vezes não respondemos bem a um tratamento duro e desafiador. Muitos professores vajrayana não se consideram siddhas e, mesmo que sejam siddhas, tratam a maioria, senão todos os alunos, de modo relativamente gentil.

Trungpa Rinpoche contrasta o guru vajrayana com o guru hinayana e o guru mahayana de várias maneiras.*

A vida de Milarepa é um bom exemplo desse tipo de relação professor-aluno. Acho que esse tipo de professor desafia nosso ego e realmente nos coloca em xeque. O guru vajrayana que Trungpa Rinpoche descreve é o guru "desafiador" por excelência, podendo levar o discípulo carmicamente maduro à iluminação perfeita de forma muito rápida, senão em uma vida.

Para trabalhar com esse tipo de professor, o aluno precisa não apenas de uma forte conexão cármica, mas também de fé e disposição extraordinárias para renunciar completamente a todas as defesas do ego e ao apego conceitual. Na presença de um guru siddha não há lugar algum para se esconder. Uma vez que tenha nos aceitado como aluno, um guru siddha neste tipo de relação vai interferir na nossa vida. Não só é raro encontrar um professor desse calibre, mas, mesmo se encontrarmos, ele não necessariamente nos aceitará como alunos.

---

* Para mais discussão a esse respeito, veja "E quanto ao modelo tradicional dos Três Yanas?" p. 180.

Não seria incrível ter uma relação professor-aluno como nas histórias de Milarepa e outros grandes siddhas e seus alunos? Quem não aspiraria a ser um grande yoguin, criando uma forte relação pessoal com um guru vajrayana altamente realizado para guiar a prática de meditação e colocá-lo à prova, forçando--o a desistir do apego ao ego por meio de testes e provações desafiadoras? As histórias de vida dos yoguins que demonstram esse tipo de relacionamento são uma boa leitura e têm a intenção de nos surpreender e inspirar. Os tibetanos as leem refletindo sobre o nível de fé e acumulação de bom karma (punya), renúncia, bom samaya e boas aspirações feitas em vidas passadas. Os praticantes ocidentais muitas vezes têm a impressão de que devem esperar esse tipo de relação professor-aluno e irão procurar por ela. Infelizmente, tais expectativas irrealistas de si próprios e de sua relação com professores espirituais podem induzir os alunos a acreditarem que aquilo que na realidade é um comportamento abusivo e negligente por parte do professor seja realmente uma conduta yoguin hábil.*

Embora a relação íntima e em pleno desenvolvimento com um guru siddha vajrayana seja rara, algo deve ser dito sobre isso, porque ele desempenha um papel muito importante na história da linhagem. Nas linhagens tibetanas do Vajrayana, esse tipo de relação é considerado ideal, embora seja incomum. Trungpa Rinpoche é considerado um exemplo de grande siddha que demonstrou habilidade extraordinária na maneira como ensinava seus alunos. Ele conseguia ser extremamente desafiador e fez muitas coisas que chocaram seus alunos, tirando-os do conforto dos seus conceitos. Seu comportamento às vezes era tão bizarro que ficávamos tentando imaginar o que significava tudo aquilo. Como alguém conseguiria julgar esse comportamento? A única maneira de julgarmos seria pelos

---

* Para outros comentários sobre a questão do abuso, ver p. 207.

resultados e pela atitude de seus professores e colegas em relação a seu comportamento. A maneira como os alunos foram influenciados — e eu fui influenciada por ele — fala por si. Todos os meus professores o consideravam um siddha e o admiravam muito. Sua Santidade Dilgo Khyentse Rinpoche, por exemplo, continuou recebendo abhishekas de Trungpa Rinpoche até o fim da vida. No entanto, em termos convencionais, Trungpa Rinpoche conseguia ser ultrajante e imprevisível; ele bebia, fumava e tinha muitos relacionamentos com mulheres. Se formos um siddha, funcionaremos de modo bem diferente das pessoas comuns — tudo o que fizermos terá o objetivo de beneficiar os outros, não importa quão pouco convencionais nossas ações possam parecer.

Como nas histórias em que os gurus siddha vajrayana desafiam seus alunos e exigem entrega total, Trungpa Rinpoche disse sobre o guru vajrayana: "A palavra do guru é uma superverdade absoluta, não apenas a boa e velha verdade comum, mas a verdade vajra, a verdade com poder por trás dela. Assim, seja o que for que o guru vajra diga, mesmo que ele diga que o preto é branco, devemos aceitar como verdade."*

Quando ensinava sobre o guru vajrayana dessa forma, Trungpa Rinpoche evidentemente desejava fazer observações significativas sobre como seus alunos deveriam se relacionar com ele como professor. Ele estabeleceu esses pontos no modelo de uma relação pessoal com um professor siddha vajrayana totalmente realizado e extraordinário, o que com certeza ele era. Embora a natureza do caminho Vajrayana seja sempre extraordinária, a natureza da relação do aluno com a pessoa do guru siddha vajrayana varia muito. Pode ser bastante direta e não particular-

---

* Chögyam Trungpa, *The collected works of Chögyam Trungpa*, [As obras reunidas de Chögyam Trungpa] Volume 4, Boston: Shambhala Publications, 2003, p. 293.

mente assustadora, ou pode ser como uma espécie de reino dos infernos com o guru desempenhando o papel de um tirano.

Nenhum dos meus gurus vajrayana mencionou que sua relação com seus gurus fosse uma contenda direta com seus egos, embora pudessem ter tido tempos difíceis com seus tutores quando jovens. Embora meus professores me colocassem em situações desafiadoras de vez em quando, tive a impressão de que isso era acidental em relação às suas intenções e não uma política deliberada. Embora eu fale do papel de "desafiador" de um guru siddha, não estou convencida de que seu comportamento, muitas vezes bizarro, seja para desafiar egos ou conceitos dos alunos. Suspeito que essas histórias estejam mais relacionadas com *visão pura*. A visão pura é essencial para o Vajrayana; mas não uma contenda dramática direta com o ego de uma pessoa. Algumas pessoas, por exemplo, por causa de sua fé e conexões cármicas extraordinárias, só de estar presentes a um abhisheka formal, conseguem obter a iluminação completa. Por meio da realização profunda, podemos ver o guru como Buddha, e ver como "puro" tudo o que o guru faz. Isso em geral surge muito gradualmente e é um sinal de que grande equanimidade foi alcançada. Até então, nós, praticantes vajrayana, temos que admitir que falhamos em ter uma visão pura. É o que aspiramos e tentamos entender à medida que nos engajamos em práticas destinadas a nos ajudar a desenvolvê-la. Enquanto isso, tudo o que conseguimos fazer é reconhecer constantemente nossas deficiências e nos sentirmos gratos pelo perdão compassivo do guru. Sim, nosso apego ao ego e nosso apego conceitual estão sendo desafiados, mas talvez de uma forma relativamente moderada.

O guru vajrayana dando ensinamentos e abhisheka

A maioria das pessoas que pratica o Vajrayana hoje em dia não tem um guru siddha vajrayana, mas tem gurus vajrayana. Então, o que autoriza uma pessoa a ser um guru vajrayana? Como encontrar um guru vajrayana genuíno? Precisamos encontrar um professor que esteja disposto a nos aceitar como alunos vajrayana e que nos desperte confiança e uma boa conexão samaya. Pode ser um professor de alto nível na linhagem que nos dá o abhisheka ritual, e talvez uma breve instrução de introdução à natureza da mente, e nos encaminhe a seus alunos sêniores para nos orientar pelos vários estágios da prática. Isso talvez seja suficiente para as nossas necessidades por um longo tempo — talvez pelo resto da nossa vida. O professor de alto nível, nesse caso, terá sido autorizado por seus próprios professores da linhagem com base em sua realização espiritual e/ou em suas fortes conexões de linhagem e samaya com seus professores. Os alunos sêniores de tais professores de alto nível podem receber permissão para dar abhisheka simplesmente com base em suas fortes conexões com a linhagem e samaya. Isso seria autorização suficiente para apresentar aos alunos certas práticas e mantras vajrayana. Penso em um professor vajrayana que atua dessa forma, desempenhando os papéis de transmitir adhishtana e dar instruções de práticas, em vez de um professor vajrayana maduro da maneira como Trungpa Rinpoche o descreve.

Há um problema com o papel de dar ensinamentos vajrayana, uma vez que eles deveriam ser secretos e não revelados a uma pessoa que não recebeu abhisheka. Assim, os ensinamentos devem ocorrer *depois* de receber abhisheka — mas os alunos precisam de alguns ensinamentos sobre o que significa um abhisheka antes de recebê-lo. Se isso não for revelado com antecedência, como o aluno consegue saber se está disposto a se comprometer com ele? Como poderá seguir as instruções dadas durante o ritual do abhisheka? Dada a circularidade de tudo isso, tento fazer o máximo possível para apresentar aos alunos interessados no Vajrayana a "visão de mundo" do Vajrayana e o que um abhisheka significa e envolve. Dessa forma, eles estarão preparados e prontos para receber abshisheka quando chegar o momento. Nessa medida, estou desempenhando o papel de um guru vajrayana, mas não no sentido totalmente pleno de um guru siddha. No entanto, será que devo ser culpada por revelar o Vajrayana secreto aos alunos que não receberam abhisheka? Isso levanta a questão de quais partes do Vajrayana precisam ser mantidas em segredo e por quê — um tópico à parte que não vou entrar aqui. O que ainda resta no Vajrayana que já não seja de domínio público? Foi colocado lá por várias razões, inclusive para corrigir visões equivocadas e distorcidas do que é o Vajrayana. Isso é lamentável e também louvável.

Não vou elaborar aqui o significado de abhisheka, o papel de um guru vajrayana, ou os protocolos em torno da transmissão e da prática do Vajrayana. Tudo isso precisa ser feito dentro do contexto de ser instruído no Vajrayana por um lama qualificado e autorizado a dar abhisheka.

Existem diferentes níveis de abhisheka, e eles podem ser dados de uma maneira elaborada, menos elaborada e extremamente pouco elaborada. O quarto abhisheka é considerado a essência de todos eles e é chamado abhisheka da palavra, durante o qual o guru introduz a verdadeira natureza da mente. Se um lama está autorizado a dar instruções de introdução à natureza da mente, e autenticar outros a fazerem o mesmo, isso significa que ele está de fato dando o quarto abhisheka, tornando-os um guru vajrayana? Penso que em princípio sim, mas há questões práticas e procedimentais a serem consideradas aqui.

Embora os requisitos para dar um abhisheka sejam estabelecidos de forma muito rigorosa nos textos e por determinados professores, parece haver uma grande quantidade de licença em torno do quanto esses requisitos são estritamente respeitados. Antes de dar um determinado abhisheka, supõe-se que um professor tenha consumado a prática, mas as especificações para o que constitui consumar a prática nesse contexto são bem amplas, variando de realização completa, com todos os sinais que a acompanham, até simplesmente ter recitado um certo número de mantras ou passado um certo período recitando--os em retiro. Deve-se dar um abhisheka para aqueles que têm fé e compreensão suficientes para serem capazes de cumprir os compromissos do samaya, mas muitas vezes hoje em dia não se dá muita atenção a isso.

Na tradição tibetana, onde grande parte da autoridade dentro de suas instituições recai sobre os tulkus (lamas reencarnados), é considerado dever dos tulkus dar abhishekas, e seu papel é muitas vezes visto como o de viajar para dar abhishekas a centenas, senão milhares de pessoas, coletando muito dinheiro com as oferendas feitas na ocasião. Esse dinheiro pode então ser usado para auxiliar na atividade de educação dos tulkus, permitindo--lhes construir centros de estudo, apoiar monásticos, retiros de meditação e assim por diante. É possível que esse costume dê a entender que outros praticantes qualificados se submetem aos tulkus para dar abhishekas a seus alunos a fim de manter as convenções estabelecidas pela instituição em que trabalham.*

Consequentemente, tornou-se um costume para professores de alto escalão, tais como os tulkus, que estão simplesmente respondendo a um convite para realizar o ritual de um abhisheka, não conhecer nenhum dos alunos pessoalmente. Tendo recebido um abhisheka, espera-se que os alunos considerem a si mesmos como tendo ingressado no Vajrayana e, aquele que lhes deu o abhisheka, como o seu mestre vajra. Tecnicamente, este é o caso, mesmo que os alunos tenham pouca ideia do que se trata o abhisheka, ou qualquer intenção específica de levar adiante o ensinamento ou a relação com o professor.

---

* Para mais discussão sobre os tulkus, ver "Os tulkus não são os gurus mais qualificados do budismo tibetano?" p. 215.

Não são apenas os tulkus ou siddhas que dão abhishekas. Outros lamas ou praticantes podem se qualificar para isso. Nosso problema aqui, é claro, é como verificar o quão qualificado um lama é neste contexto. Embora a tradição especifique os requisitos para dar abhisheka, eles estão abertos a muitas interpretações. Por exemplo, como descobrimos se um lama é qualificado, se não sabemos nada sobre seu nível de compreensão, experiência ou realização? Confiamos na reputação deles, mas que tipo de reputação? Já escrevi sobre como indagar os tibetanos o quão *tsa chenpo* (valioso, poderoso, precioso) um determinado lama é.*

Os tibetanos relutam em fazer comentários negativos sobre os lamas, mas podem ser persuadidos a dizer quão *tsa chenpo* um lama é em relação a outro. Perguntamos, por exemplo, se um lama é tão *tsa chenpo* quanto Sua Santidade Dilgo Khyentse Rinpoche (o mais alto nível que se pode ter). Se recebermos um sorriso largo, tentamos alguém com má reputação. Quando recebermos um olhar de horror, tentamos alguém no meio; a julgar pela reação emocional, conseguimos ter uma noção da confiabilidade relativa de lamas bem conhecidos e, às vezes, até mesmo de alguns pouco conhecidos.

Outra maneira de descobrir o quão qualificado um lama é para dar abhisheka é tentar descobrir sua reputação entre seus colegas. Isso pode ser feito ouvindo atentamente os tipos de comentário que outros lamas estão preparados para fazer sobre eles. Por exemplo, quando desejamos saber se alguém está qualificado para dar abhisheka vajrayana e perguntamos isso diretamente a um aluno mais antigo da linhagem, se a resposta for evasiva, como: "Bem, ele frequentemente dá, e seus alunos têm muita fé

---

* Shenpen Hookham, *In search of the guru* [À procura do guru], em *Sharpham Miscellany: Essays in Spirituality and Ecology*, ed. John Snelling, Totnes, Reino Unido: The Sharpham Trust, 1992, p. 99-112.

nele", então, talvez, ele não seja muito qualificado. Se a resposta for direta, como "Sim, claro, ele é um bom praticante e um aluno próximo dos lamas da linhagem da mais alta posição", saberemos que está falando de alguém considerado genuíno e confiável. Talvez a resposta seja simplesmente "Receber abhisheka daquele lama seria uma bênção muito poderosa". Em outras palavras, a autorização para dar abhisheka parece ser uma questão da rede informal entre aqueles qualificados a ter esse reconhecimento, seja por meio do seu conhecimento direto ou do seu status dentro da tradição. Quanto mais elevada for a posição de um informante na rede, mais confiável ele será considerado.

Embora existam procedimentos formais para ser autorizado a dar um abhisheka, alguns mais elaborados do que outros, e embora os mantras devam ser dados no contexto de receber abhisheka, os mantras e as práticas do vajrayana são muitas vezes passados informalmente de praticante para praticante, sem abhisheka ou qualquer procedimento formal de transmissão. Qualquer pessoa que participe de um ritual em um santuário de meditação tibetana provavelmente receberá a ordem de recitar um ou outro mantra por outras pessoas que o acompanham. A esperança é que um dia um abhisheka formal seja dado e, por meio da conexão anterior com o adhishtana do mantra, o abhisheka provavelmente será mais efetivo. O perigo, como mencionei anteriormente, é que isso possa enfraquecer o poder (adhishtana) do processo de transmissão. Mesmo tendo praticado muito mantra, é possível que a pessoa ainda esteja muito confusa e egocêntrica. Pode se tornar um problema se ela pensar em transmitir o adhishtana da linhagem pela transmissão dos mantras. É por isso que, em situações de sangha, geralmente apenas certas pessoas estão autorizadas a transmitir mantras e outras práticas vajrayana. Uma linhagem de transmissão é uma mandala que precisa ser cuidadosamente mantida e protegida para preservar sua autenticidade e efetividade.

Uma vez que adotar mantras informalmente é algo tão difundido na tradição, pode parecer bom, em princípio, que qualquer pessoa que recebeu um mantra possa passá-lo para outra. No entanto, isso não é isento de perigos, especialmente no caso dos mantras irados e dos mantras associados aos tantras superiores. No mínimo, seu poder será diminuído se forem passados descuidadamente de uma pessoa confusa para outra.

Obviamente, há mais poder em receber um mantra ou prática vajrayana de uma pessoa em quem se tem muita fé como praticante, ainda mais se essa pessoa pratica esse mantra ou texto de prática há muito tempo. No entanto, há mais no processo yógico do que isso. Um yoguin experiente é capaz de reconhecer sinais definitivos de sucesso em termos de dominar a prática da recitação de mantras. Mesmo que esses sinais ainda não tenham se manifestado, se a pessoa completou retiros ou períodos de recitação seguindo as instruções do seu professor, a transmissão terá mais poder do que para quem não praticou o mantra intensivamente, ou que não tem nenhuma experiência, realização ou conexões fortes com a linhagem.

O papel de desafiar o ego do aluno

Khenpo Rinpoche uma vez disse a meus alunos que eles deveriam pensar em mim como um guru siddha (embora eu claramente não seja). Disse também que se eu lhes dissesse para pular de um penhasco e voar, eles deveriam fazer isso. Obviamente ele estava brincando, mas não tenho certeza de que tipo de brincadeira seria. Se eles pulassem de um penhasco, eu não conseguiria ajudá-los! Acho que o que ele quis dizer foi que eles deveriam desenvolver confiança em mim e que, ao mesmo tempo, ele confiava em mim para ser responsável e não fazer nada para prejudicá-los ou confundi-los.

Acho esse tipo de brincadeira perturbadora, porque alimenta fantasias que são muito comuns entre os praticantes ocidentais do Dharma, e ameaça a integridade da tradição budista à medida que ela se estabelece no Ocidente.

Precisamos reconhecer que há uma grande distinção entre um professor não-siddha desafiando nossas crenças, padrões habituais e apego ao ego, e um guru siddha. Considerando que não somos capazes de julgar as ações desse último, precisamos manter as ações dos não-siddhas sob cuidadoso escrutínio.

Incluí o que chamo de guru "desafiador" não-siddha no Papel 12 porque quando falei sobre esse papel com meus alunos, eles insistiram que eu desempenhasse esse papel para eles. Percebi que onde há respeito e boas conexões samaya, qualquer professor consegue desafiar nosso ego, e mais ou menos nos forçar a abandonar os padrões habituais de egoísmo, visões errôneas, ambições mesquinhas do ego e assim por diante. Isso é mais do que simplesmente ser ensinado, aconselhado, instruído ou guiado. É mais como um tratamento de choque que nos faz parar no nosso percurso, nos torna humildes, nos acorda e nos faz abandonar nossas falsas suposições e mudar nossos caminhos. Qualquer um dos nossos professores, em qualquer papel que esteja desempenhando, pode ser mais ou menos desafiador, dependendo das circunstâncias e da sua personalidade. Além disso, a própria vida está fazendo isso conosco o tempo todo!

Nosso diretor espiritual pessoal, ou aquele que nos introduz à verdadeira natureza da mente, e os gurus desempenhando vários papéis podem ser um desafio. Na verdade, o guru "desafiador" é qualquer pessoa ou qualquer coisa que interfira na nossa vida, desafiando o apego ao ego e nossas suposições errôneas sobre a natureza da realidade.

Para um professor comum que não seja altamente realizado, é difícil ter certeza de que seu apego ao ego ou suposições errôneas não estejam distorcendo sua relação com seus alunos. A adoção de um estilo autoritário de ensinar, em qualquer papel, pode ter graves consequências para os alunos e também para os próprios professores. No entanto, consegue ser extremamente eficaz em algumas situações, como ao lidar com alunos indisciplinados cujos egos fortes precisam ser domados. Às vezes, vale a pena usar medidas mais duras . Pessoalmente, tenho medo de assumir esse papel, então só posso confiar que o tipo de situação que crio ao meu redor ajuda os alunos a domarem seus egos por si mesmos.

Para nós, é suficientemente desafiador nos relacionarmos com as nossas próprias necessidades e fraquezas, e com as dos nossos gurus não-siddhas e companheiros de Dharma. À medida que nossas necessidades e fraquezas se chocam com as deles, temos ampla oportunidade de aprender a abandonar nosso egoísmo, apego, impaciência, raiva, ciúme, orgulho e outros. Isso acontece quando passamos bastante tempo uns com os outros, conhecendo a nós mesmos e conhecendo uns aos outros. Assim, há uma boa chance de aprendermos a confiar e sermos abertos uns com os outros, dissolvendo nossas arestas e, com o tempo, ficando cada vez mais próximos. Conseguimos criar uma situação de sangha, uma mandala de ensinamento que atrai o adhishtana da linhagem para nós e para o nosso mundo. Embora todos os ensinamentos do Dharma de alguma forma desafiem nosso apego ao ego, nossas suposições errôneas e nossa mente conceitual, acho que para a maioria de nós ainda é importante ter pessoas no papel de nos desafiar.

No entanto, o guru "desafiador" supremo é nossa verdadeira natureza, constantemente desafiando nosso apego ao ego e nossa compreensão conceitual, impulsionada por sua aspiração de ser livre de sofrimento.

Como as histórias dos siddhas são tão populares entre os budistas tibetanos, é fácil dar aos alunos a impressão de que qualquer comportamento bizarro de um professor budista (seja qual for o papel que estejam desempenhando) é, na verdade, um meio hábil para domar os egos dos alunos. Alguns professores de menor ou nenhuma realização gostam de adotar esse estilo desafiador de ensino, independentemente do seu papel. Parece que faz parte da personalidade deles se comportar desse modo, podendo insistir em total obediência e controle dos seus alunos. Claro, isso pode facilmente promover o desenvolvimento de relações abusivas na mandala, tal como vemos ocorrer em uma seita. É preciso ter muito cuidado com isso. É preciso olhar para o efeito que nosso comportamento está gerando sobre nossos alunos, e examinar o professor com os membros respeitáveis da linhagem que estão conectados à rede de yoguins. Só porque um professor está se comportando de maneira bizarra ou abusiva, não significa que devemos acreditar que ele é um grande siddha. Desde o tempo do Buddha, tem havido muitos exemplos de falsos professores fingindo ser altamente realizados e desencaminhando muitas pessoas.

4. Práticas relacionadas ao guru ou amigo espiritual

Tendo considerado os diferentes papéis que um professor/guru pode desempenhar para nós, neste capítulo examino a importância de "venerar o guru" na tradição budista. É sobre esse aspecto que ter a ideia de uma mandala do despertar e do princípio do guru pode ser muito útil (veja Introdução, p. 14). Há o perigo de que, como ocidentais, possamos debater a questão de como devemos interpretar as várias afirmações feitas sobre a prática de devoção ao guru: de modo pessoal ou impessoal, de modo específico ou geral, de forma literal ou não, ou de qualquer outro modo. Discuto três formas de práticas relacionadas a esse tema, começando com o conceito de amigo espiritual. Em seguida, descrevo a prática da recordação do Buddha (*buddhasmrti*) e, por fim, a prática do guru yoga que é o coração da tradição budista tibetana.

OS SIGNIFICADOS DE *AMIGO ESPIRITUAL*

Em alguns dos sutras Mahayana, o guru é referido como kalyanamitra, que geralmente é traduzido como "amigo espiritual". *Kalyana* significa "bom" e até "bonito"; *mitra* significa "amigo". A tradução do tibetano deste termo significa literalmente "amigo virtuoso". Trata-se de virtude no sentido do comportamento cármico positivo que eles demonstram e estimulam em nós. A palavra tibetana tem implicações de retidão espiritual, em vez da implicação moral que a palavra *virtuoso* tende a ter hoje em dia. Significa "propício ao bem-estar geral" e, em especial, ao progresso espiritual. Ser um amigo espiritual, portanto, soa como algo bem modesto, mas nos sutras Mahayana é um termo usado para os bodhisattvas de alto nível (professores altamente realizados). Os tibetanos tendem a usá-lo como sinônimo de lama, guru ou professor.

Há um livro de Subhuti sobre o tema da amizade espiritual que discute a tradução do termo e se refere a uma das conversas do Buddha com Ananda.*

Ananda diz palavras no sentido de que "metade da vida espiritual é a amizade espiritual!". O Buddha responde: "Não diga isso, Ananda, não diga isso. Não é a metade. É toda a vida espiritual."

Subhuti então relata a encantadora história de um monge chamado Meghiya, que estava tendo a vez de servir como atendente do Buddha. Em sua caminhada pelos campos na companhia do Buddha, Meghiya passou por um bosque de mangueiras à beira do rio e pensou que seria um lugar perfeito para meditação. Ele queria parar ali para meditar, pois tinha certeza de que isso o ajudaria a alcançar verdadeiro progresso espiritual. Pediu permissão ao Buddha para parar e meditar naquele instante. O Buddha ressaltou que, se fizesse isso, ele ficaria sem um atendente, portanto, não seria melhor que ele esperasse até o fim do seu turno? Meghiya, no entanto, persistiu três vezes nesse urgente pedido e, por fim, o Buddha concordou em deixá-lo ir — e lá foi ele para o mangueiral. Para sua infelicidade, teve uma surpresa terrível, pois em vez de ter as meditações

---

* Subhuti, *Buddhism and friendship*, [Budismo e amizade], Birmingham, Reino Unido, Windhorse Publications, 2004, p.18.

maravilhosas que esperava, foi perturbado por visões e experiências altamente desagradáveis.

Voltou para encontrar o Buddha e reconheceu o que havia acontecido. O Buddha disse: "Quando a liberação do coração não está totalmente madura, Meghiya, cinco coisas podem levar à maturidade total. Quais são essas cinco? Quanto a isso, Meghiya, a primeira coisa que conduz à maturidade é: um monge é único com um amigo admirável, é único com um companheiro admirável, é único com um amigo admirável." Significativamente, o Buddha não está aqui dizendo: "A primeira coisa que você precisa é de instrução". Em vez disso, tudo diz respeito a encontrar e ser um com um amigo espiritual.

Isso está relacionado ao primeiro papel de um guru que discuti anteriormente: dar o exemplo. Aqui não é apenas uma história de vida exemplar que está sendo demonstrada. É o companheirismo. Refere-se mais à função de dar orientação espiritual pessoal. Às vezes, isso é mais bem proporcionado por meio do simples companheirismo com alguém que exemplifica uma vida boa. Na maior parte das vezes, é um amigo quem primeiro nos inspira a procurar um professor, e quando encontramos um professor, é mais a qualidade da presença desse professor, do que o que ele diz, que nos faz tomar a decisão de pedir instrução. Quando pergunto aos professores e amigos budistas porque eles escolheram uma determinada forma de budismo em vez de outra, é quase sempre porque encontraram alguém dessa tradição que os inspirou. Somos atraídos por sua "admirabilidade", atraídos por suas qualidades, o que sem dúvida foi o caso para mim e foi claramente o caso de Shariputra ao ver Ashvajit. Fui atraída por meus professores primeiro por sua presença e, só depois, por seus ensinamentos. Sentimo-nos atraídos porque nosso coração responde em algum nível profundo; reconhecemos que também queremos ser como eles. Pode ser que fiquemos tão impressionados com eles a ponto de nunca imaginarmos que poderíamos ser como eles; no entanto, no fundo do nosso coração, desejamos ser. É um caso de identificação com eles, de tomarmos a iniciativa de ficar ao lado deles para nos mantermos sob a sua influência. Meghiya estava ansioso para seguir o Buddha, o que é admirável. Ele estava pronto para colocar sua energia em um esforço vigoroso pela iluminação, sem perceber a importância do companheirismo espiritual e o valor de simplesmente passar algum tempo na presença do Buddha.

A segunda coisa que o Buddha listou como propícia para levar à liberação do coração era "ser virtuoso" (*kushala*). Nesse aspecto, Meghiya sentia-se feliz de seguir o exemplo dos seus amigos virtuosos.

A terceira coisa da lista que Meghiya precisava garantir era que preservasse um fácil acesso à conversa favorável à vida espiritual em todos os seus aspectos. Nos suttas em páli, quase todos os discursos começam com a definição do cenário em que os discípulos do Buddha conversam entre si sobre o Dharma, e a partir disso surgem perguntas para o Buddha ou para os discípulos sêniores. Tudo isso está relacionado com o papel do guru como construtor da sangha. Todos os que contribuem para construir e apoiar uma situação de sangha estão engajados nesse papel de favorecer o companheirismo na sangha, tanto para si mesmos como para os outros.

Certamente, na minha vida espiritual, o companheirismo no Dharma tem sido essencial. Tive pessoas com quem pude conversar sobre o Dharma com a profundidade que eu precisava, quando precisava — a maior das bênçãos. Não sei como teria seguido em frente em qualquer ponto, se não tivesse sido capaz de falar com alguém sobre a minha prática e sobre as novas compreensões que estavam surgindo. Se não tivermos oportunidades para nos comunicarmos dessa maneira, tudo o que temos são livros e palestras sobre o Dharma, que raramente satisfazem aquelas dúvidas irritantes da nossa mente. Os companheiros do Dharma são os amigos espirituais que podem nos encorajar, tranquilizar ou desafiar, oferecendo outras possibilidades de como as coisas podem ser entendidas e assim por diante. Fazer perguntas como: "Talvez você tenha entendido mal isso... O que você está fazendo? Por que está perdendo tempo assim?" pode nos animar e nos incentivar quando estamos abatidos.

Em quarto lugar, o Buddha explicou a Meghiya que a energia de um monge deve ser constantemente encorajada, estimulando seu apetite pela vida espiritual.

Apenas em quinto e último lugar da lista é que vem a sabedoria. A sabedoria emerge do companheirismo no Dharma; as amizades nos permitem viver uma vida virtuosa. Elas nos dão o tipo de conversas de que precisamos para nos inspirar e nos sustentar no caminho para o despertar. A vida espiritual ou a vida dhármica de uma pessoa tem tudo a ver com relacionar-se com os outros, por isso, não vamos nos prender à ideia de que tem a ver com nos separarmos e nos recolhermos para meditar. De vez em quando, precisamos passar algum tempo sozinhos em retiros de meditação, mas não é a única coisa que devemos fazer.

Seria fácil pensar que o conselho do Buddha sobre a amizade espiritual foi dirigido apenas a Meghiya, cuja "liberação de coração não estava totalmente madura". No entanto, as histórias do Avatamsaka Sutra trazem o mesmo conselho até o momento de encontrar os buddhas face a face.

O Avatamsaka Sutra

O Avatamsaka Sutra (Sutra do Ornamento da Flor, conhecido como *Huayen* em chinês, e *Do Pal po che* em tibetano) é um texto muito importante da tradição Mahayana. No volume final, chamado *Gandhavyuha*, há uma história inspiradora sobre um jovem chamado Sudhana, que fora enviado pelo grande bodhisattva cósmico Manjushri em uma jornada a fim de encontrar cinquenta e três amigos espirituais no seu caminho para o despertar. Os gurus que ele encontrou não eram reconhecidos como gurus por nenhum outro meio que não fosse a reputação. Metade deles eram mulheres; muitas eram deusas; alguns monásticos ou yoguins, enquanto outros eram procedentes de todas as classes sociais, incluindo um pescador, um comerciante, um capitão de navio e um matemático. Encontrou donzelas lindas e sedutoras, figuras autoritárias ferozes, um menino e uma menina que explicaram como alcançaram seu nível de realização, dando alguns conselhos poderosos, poeticamente expressos, de como Sudhana deveria se relacionar com os amigos espirituais.

À medida que encontrava cada professor, ele contemplava suas qualidades, se admirava e se questionava sobre elas. Vários superlativos estonteantes são usados na tentativa de transmitir o quanto cada professor era maravilhoso, e como o próximo era muito mais maravilhoso do que o anterior. Quando solicitava ensinamentos de cada um, ouvindo o que diziam, admirando suas qualidades e fazendo aspirações para se tornar como eles, essas mesmas qualidades começaram a se manifestar no próprio Sudhana, até que finalmente ele chegou aos portões de uma grande torre onde encontrou o futuro Buddha, Maitreya. Então, Maitreya conversa com Sudhana sobre os poderes inconcebíveis do coração desperto (bodhichitta). No fim da sua jornada, Sudhana encontra o bodhisattva Samantabhadra que lhe mostra uma visão da totalidade, e Sudhana entra na vasta visão dos três tempos e das dez direções do espaço, o que é todo-penetrante, Aquele que é Todo-Bondade, Samantabhadra, torna-se inseparável dele, exibindo todas as mesmas qualidades. Por fim, Maitreya dissolve a visão e se apresenta como um sacerdote local, um ser humano comum. Por último, Sudhana faz a aspiração de que toda a tradição tibetana recite regularmente, se não diariamente, a chamada A Prece Soberana de Aspiração, a Aspiração pela Nobre Conduta Excelente (*Samantabhadracharya Pranidhana*). Trata-se da própria aspiração de Samantabhadra, por meio da qual ele atingiu a iluminação, incluindo as aspirações de Manjushri e Maitreya (os dois principais gurus de Sudhana que lhe deram instruções sobre as viagens e o apresentaram a Samantabhadra). Esta história é recontada no livro *Jewel Ornament of Liberation*. A seguinte citação nos oferece um pouco do sabor enfático do conselho:

> Portanto, não devemos nos cansar de procurar amigos e benfeitores espirituais. Não devemos nos cansar de encontrar amigos espirituais e benfeitores. Não devemos nos tornar complacentes ao questionar amigos espirituais e benfeitores. Não devemos desistir da determinação de contatar amigos e benfeitores espirituais; não devemos deixar de nos esforçar para atender respeitosamente os amigos e benfeitores espirituais; não devemos interpretar mal ou resistir aos conselhos ou instruções dos amigos espirituais e benfeitores; não devemos hesitar em conquistar as qualidades dos amigos espirituais e benfeitores; não devemos duvidar dos caminhos de emancipação apresentados pelos amigos espirituais e benfeitores; não devemos difamar as ações dos amigos espirituais e benfeitores, adaptando-nos ao mundo para agilizar seu trabalho; não devemos desistir de aumentar a fé pura nos amigos e benfeitores espirituais... Qual é a razão para isso? É por meio dos benfeitores espirituais que... os bodhisattvas aprendem a prática dos bodhisattvas. É por meio dos benfeitores espirituais que todas as virtudes dos bodhisattvas são aperfeiçoadas. Os benfeitores espirituais são a fonte do fluxo abundante dos votos de todos os bodhisattvas. As raízes da bondade de todos os bodhisattvas são produzidas pelos benfeitores espirituais.

O texto segue descrevendo como os amigos espirituais fazem todas essas coisas por nós:

> [Eles] cortam os apegos ao mundo, nos libertam das redes dos demônios, extraem as farpas do sofrimento... nos trans-

portam pelo deserto dos pontos de vista, nos transportam sobre as correntezas da existência, nos tiram da lama do desejo, nos livram dos falsos caminhos, nos mostram o caminho dos bodhisattvas e nos repreendem [e]... nos introduzem nas práticas espirituais, nos mostram o caminho para a onisciência, esclarecem a visão da sabedoria, fortalecem a determinação para a iluminação, promovem a compaixão universal, nos revelam as práticas do bodhisattva, dão instruções sobre os caminhos da transcendência, nos direcionam para os estágios da iluminação, transmitem tolerância, dão origem a todas as raízes de bondade, criam todos os preparativos para a iluminação, concedem todas as virtudes dos bodhisattvas, nos conduzem à presença de todos os buddhas, nos mostram todas as qualidades virtuosas, nos inspiram nos nossos objetivos, intensificam esforços e realizações, nos mostram o caminho para a emancipação, nos protegem dos caminhos da destruição, iluminam o caminho para perceber a verdade, derramam miríades de ensinamentos, extinguem todas as aflições, cessam a formação de ideias, nos introduzem a todos os aspectos da iluminação.

Tudo isso está relacionado ao primeiro e ao segundo dos possíveis papéis de um guru: Sudhana considera cada kalyanamitra que encontra como um exemplo e, em contato com a presença deles, abre-se para seus poderes de bênçãos (adhishtana). Cada kalyanamitra faz pouco mais do que falar das qualidades de outro kalyanamitra, recomendando a Sudhana que continue suas viagens para encontrá-los. Apenas por se manter focado nessas qualidades enquanto vai de um kalyanamitra a outro, essas qualidades são despertadas em Sudhana. Isso tem relação com a próxima prática que discutirei, que é a prática da recordação do Buddha (buddhasmrti). Observe que Sudhana não está particularmente procurando companhia; ocorre aqui uma noção diferente de kalyanamitra daquela que Subhuti descreve no seu livro.

Visão cósmica

Os sutras Mahayana, como o Avatamsaka, apresentam o kalyanamitra ou o guru no contexto de uma vasta visão cósmica da totalidade de espaço e tempo. Aqui, mais uma vez, vemos esse jogo entre o pessoal e o impessoal, o um e os muitos, o guru enquanto princípio e o guru como pessoa. Recitar A Soberana Prece de Aspiração, a Aspiração pela Nobre Conduta Excelente (*Samantabhadracharya Pranidhana*) se refere a seguir o exemplo do maior dos bodhisattvas, receber seu adhishtana e fazer as conexões cármicas corretas para encontrar kalyanamitras perfeitos em todas as nossas vidas futuras, trabalhando juntos como uma grande mandala do despertar, para trazer todos os seres ao despertar. Em outras palavras, o essencial é o coração desperto (bodhichitta).

Como Rigdzin Shikpo diz em seu livro *Princípios do Sutra Mahayana*, esta é a visão Mahayana que nos conecta ao poder do próprio universo.* O que pensamos ser a materialidade deste universo assume sua forma a partir das vontades, aspirações, preces e intenções dos seres despertos e dos seres que se esforçam para alcançar a felicidade e o despertar. O samsara é simplesmente uma versão distorcida da verdadeira natureza do universo. A realidade da totalidade é tentar iluminar os seres e trazê-los de volta para si mesmos.

Há outra história no Avatamsaka Sutra sobre Shariputra e Manjushri focada na amizade espiritual e na influência espiritual. Com ecos do Sutra do Coração, a história conta como Shariputra, acompanhado por sessenta monges, se aproxima do Buddha. Shariputra primeiro o contempla, depois circula o Buddha três vezes. Pelo poder do Buddha, Shariputra torna-se

---

* Rigdzin Shikpo, *Mahayana Sutra Principles*, Oxford, Reino Unido: Longchen Foundation, 1996.

capaz de ver e se aproximar de Manjushri com todo o seu séquito transfigurado de seres iluminados. Shariputra então conversa com os monges. Todos esses monges haviam passado eras desenvolvendo uma aspiração de ajudar os outros seres e trazê-los para o despertar. Estão prontos para encontrar o Buddha face a face. Enquanto Shariputra conversa com eles sobre as qualidades de Manjushri, o sutra diz: "As mentes dos monges [foram] purificadas, acalmadas e deleitadas. Eles estavam extasiados. Seus estados mentais tornaram-se adequados para a prática religiosa. Seus sentidos se tornaram claros e tranquilos. Sua alegria foi intensificada; a depressão desapareceu. Todas as obstruções desapareceram e eles se viram face a face com a visão do Buddha. Grande compaixão desenvolveu-se neles. Eles ingressaram na esfera do transcendente". Os monges perguntaram se também podiam ir para o outro lado para ver Manjushri. Diz-se que Manjushri se voltou para eles e os olhou diretamente "com o olhar de um elefante".

Duas vezes nesta história há uma ênfase em olhar diretamente como uma prática. Ao encontrar seu olhar, parece que podemos pegar alguma coisa dos buddhas, como pegar uma infecção. Fazemos tudo o que podemos para chegar ao lugar certo na hora certa — então podemos meio que "pegar" o estado búdico. Nosso trabalho é fazer aspirações e treinar para ver as qualidades búdicas naqueles que se dedicam ao caminho do despertar. Com fé e devoção, confiando na integridade deles, abrimo-nos para o caminho, e o poder do seu adhishtana nos transforma.

COMO PRATICAR A RECORDAÇÃO DO BUDDHA (BUDDHASMRTI)

Tudo o que foi dito até agora sobre a amizade espiritual se sobrepõe a uma importante prática espiritual chamada recordação (*smrti*, *mindfulness*, "atenção plena") do Buddha, que é praticada em todas as tradições budistas. Uma vez que, para todos os budistas do mundo hoje, Shakyamuni é o guru supremo, relembrar o Buddha é uma prática de veneração ao guru que todos temos em comum.

Como no caso de Sudhana, para que nossas próprias qualidades búdicas se manifestem, precisamos ver e admirar essas qualidades nos outros e especialmente no Buddha. Como Sudhana, também precisamos permanecer atentos a essas qualidades na nossa vida e prática diária tanto quanto pudermos. Há várias práticas budistas que nos ajudam a fazer isso. Cantar louvores diante de imagens do Buddha, fazer a prece dos sete ramos e outras, são todos métodos para relembrar as qualidades do Buddha. Ler relatos da vida do Buddha e de seus discípulos iluminados ao longo dos tempos é outra maneira de relembrar as qualidades do Buddha. À medida que nossa compreensão do Dharma se aprofunda por meio da nossa prática e do adhishtana do Buddha (o princípio do guru e a mandala do despertar), essas mesmas qualidades começam a se manifestar em nós. Elas são a verdadeira natureza da mente (bodhichitta).

Todas as formas de budismo reconhecem a recordação das qualidades do Buddha como uma prática importante. Relembrar, ou *mindfulness* (atenção plena), não se restringe à consciência das nossas ações hábeis e inábeis, à experiência imediata do corpo, da fala e da mente, ao equilíbrio das faculdades da nossa consciência (os *indriyas*). Inclui também focar a nossa atenção em qualquer coisa que nos ajude a escolher quais qualidades cultivar e quais abandonar. Recordamos as qualidades do Buddha visualizando um buddha, olhando para uma imagem ou simplesmente contemplando essas qualidades como uma presença viva na nossa vida. Se amor, compaixão, paz ou compreensão profunda surgem no nosso coração e na nossa mente, ao relembrar que essas são as qualidades do Buddha e, portanto, a presença do Buddha aqui e agora, essas qualidades vão aumentar dentro de nós. Por quê? Porque elas já são a nossa natureza búdica e porque o adhishtana do Buddha tudo permeia. De uma maneira geral, as qualidades búdicas podem ser resumidas como abertura, clareza e sensibilidade, embora as palavras por si mesmas apenas insinuem a plena implicação dessas três qualidades. É explorando a visão mais vasta das escrituras budistas que aprendemos quais podem ser essas implicações.

GURU YOGA NO VAJRAYANA

Se pudermos realmente assumir a visão mais ampla da visão budista Mahayana, tudo o que precisamos para chegar à perfeição é o guru, o professor, para nos introduzir à nossa verdadeira natureza. Isso começa com a apreciação de como nos relacionar com nossos professores humanos. Por meio deles, percebemos que somos inseparáveis e indistinguíveis do guru, de modo que, na verdade, tudo o que o guru é, nós nos tornamos. Essa já é a nossa natureza, e o guru ou o Buddha está indicando isso para nós. Com a aspiração que chamamos de desejo do coração, oramos para que essa união aconteça. Este é o contexto para compreendermos o que se entende por prática de guru yoga.

Chegamos a realizar a nossa verdadeira natureza por meio da nossa motivação, fazendo as aspirações corretas e dando continuidade a elas. Tudo o que acontece conosco é devido à nossa vontade; o karma amadurece em nós por causa do poder da vontade. Por meio de suas aspirações (*pranidhanas*), os bodhisattvas criam terras puras para as quais conseguem atrair os seres a fim de iluminá-los. Essas terras puras são estruturadas de acordo com as aspirações dos bodhisattvas. O mundo inteiro é criado e baseado nas vontades dos seres e nas aspirações dos seres iluminados. Direcionar nossa vontade em termos da aspiração de nos unirmos com o guru é chamado guru yoga.

Para os praticantes do Vajrayana, Mahamudra e Dzogchen, o guru yoga (união com o guru) é a prática quintessencial. Não estou me referindo a recitar liturgias de louvor à linhagem, preces, mantras e visualizações de união com o guru. Refiro-me à efetiva compreensão, à experiência e à realização de que o guru (isto é, o princípio do guru e tudo o que isso implica) é a verdadeira natureza da mente (bodhichitta), e que nosso próprio coração e mente já são um com o coração e a mente do guru. É assim que entendo o significado da citação de *O Lótus Branco* com a qual este livro começou:

> Comparada com a meditação em cem mil deidades,
> A meditação no único e inigualável Guru é suprema.*

E

> Se desejas a conclusão rápida das duas acumulações,**
> E a obtenção da meta quintessencial,
> Então — melhor do que os tantras e seus comentários
> do Veículo Vajra do Mantra Secreto resultante —
> Medite sobre o Guru!***

Embora *O Lótus Branco* seja focado na pessoa do Guru Rinpoche (Padmasambhava), não devemos nos iludir pensando que ele é outra coisa senão o próprio princípio do guru plenamente desenvolvido — a essência e a união de todos os buddhas.

---

* Mipham, *O Lótus Branco*, Editora Lúcida Letra, p. 52.
** As duas acumulações são *punya* e *jnana*. *Punya* pode ser entendido como as conexões cármicas necessárias para progredir no Dharma, e *jnana* como a realização que surge a partir dessas acumulações.
*** Mipham, *O Lótus Branco*, Editora Lúcida Letra, p. 51–52

No Avatamsaka Sutra, Maitreya é o guru que apresenta Sudhana à visão final de Samantabhadra. Nesse sentido, Maitreya representa, talvez, o aspecto mais importante do papel do guru para Sudhana. Bem no fim do sutra, Sudhana pergunta a Maitreya quem ele é. Maitreya responde que ele não é outro senão o próprio Samantabhadra, Aquele que é Todo-Bondade, além de tempo e espaço, imensurável com qualidades imensuráveis, a essência e a união de todos os buddhas. Sudhana não fica satisfeito com essa resposta e insiste várias vezes em perguntar quem ele é. Finalmente, Maitreya se revela um guru humano que vive na região, manifestando-se neste mundo para ajudar uma comunidade de aldeões. Em outras palavras, Maitreya é simultaneamente um guru humano de aparência comum e Samantabhadra, a essência e união de todos os buddhas, e não é diferente da própria natureza perfeitamente iluminada de Sudhana.

Desse modo, no budismo tibetano, o princípio central de toda a mandala é denominado guru ou lama. O guru refere-se simultaneamente ao Buddha, ao nosso professor ou professores humanos, a todas as maneiras pelas quais o adhishtana do Buddha chega até nós e à nossa própria natureza búdica. O guru é único em princípio e múltiplo em suas manifestações.

Tomar refúgio, fazer o voto do bodhisattva, purificar karma negativo, acumular punya e, então, abrirmo-nos para a união com o guru é a essência do Vajrayana, do Mahamudra e do Dzogchen. Os elementos mais esotéricos do Vajrayana — como receber abhisheka, sadhanas, visualizações, meios hábeis, os seis yogas, invocar forças esotéricas poderosas e assim por diante — são elaborações que podem aumentar tudo isso e talvez acelerar o processo yógico.

Liturgias e mantras do guru yoga

Recitar liturgias de louvor à linhagem, preces, mantras e visualizações de união com o guru é chamado de guru yoga, porque a ideia dessas práticas é aumentar nossa sensação de união com o guru. As deidades tântricas são simplesmente expressões diferentes do princípio do guru, e a meditação sobre elas nada mais é do que guru yoga em essência. A recitação de mantras deve ser entendida em termos de guru yoga. Eu recitava mantras muito antes de ter qualquer ideia do que significava adhishtana ou guru. Disseram-me que isso me ajudaria a acumular punya e a purificar karma negativo. Não sei se isso é verdade. Evidentemente, significou estabelecer algum tipo de conexão com a linhagem e, presumivelmente, o adhishtana fluiu a partir disso. No entanto, não achava que recitar mantras e visualizar as várias formas do Buddha inspiravam fé em mim. Para algumas pessoas parece que sim, então considero isso um sinal de que elas já praticaram essas coisas em uma vida passada.

Guru yoga como visão correta

Na verdade, guru yoga diz respeito a chegar à visão correta, o primeiro passo do caminho óctuplo. Visão correta é o mesmo que a natureza da mente apontada pelo guru. Visão correta se refere ao que, na tradição Mahamudra, é chamado de base mahamudra, caminho mahamudra e fruição mahamudra. O primeiro passo do nobre caminho óctuplo é ver/vislumbrar a verdadeira natureza da mente. Os próximos seis passos são para estabilizá-la, e o samadhi correto é sua estabilização. É quando alguém se torna um com o Buddha. No Mahayana, a visão correta é chamada realização da vacuidade, o primeiro *bhumi* (estágio ou nível), que é a base para os próximos oito bhumis, o caminho, e finalmente termina recebendo abhisheka e tornando-se um com todos os buddhas — o samadhi sem esforço manifestando todas as qualidades e atividades de um buddha iluminado. Essa é fruição mahamudra, o guru yoga supremo.

Guru yoga como devoção a Shakyamuni

Para nós, faz sentido pensar no Buddha Shakyamuni como nosso guru e, depois, em todos os que nesta vida nos ajudam assumindo os diferentes papéis de professor, como sendo sua atividade continuada neste mundo. Isso seria o mesmo que guru yoga? Com certeza é assim que os tibetanos pensam. Somos todos discípulos do Buddha Shakyamuni, porque estamos todos no mundo que ele dominou. Ele trouxe o Dharma para este mundo, então é o seu reino puro; é devido à nossa própria visão impura que esse mundo nos parece um reino impuro. Mas o bom é que estamos no reino de Shakyamuni no nosso estado impuro comum, nesse exato momento. Temos punya suficiente para realmente estar no mundo de Shakyamuni. Embora não tenhamos punya suficiente para ver um buddha, ouvimos falar dele, encontramos professores que o seguiram e conseguimos nos conectar com Shakyamuni por meio deles. As aspirações do Buddha criaram as condições no mundo que possibilitam que nos tornemos iluminados.

Já que estamos aqui no seu reino puro, devemos ter encontrado Buddha Shakyamuni muitas vezes em vidas passadas, assim como a Rainha Shrimala. Ele vem nos protegendo há muito tempo e continuará a nos proteger. É importante continuar fazendo aspirações para manter nossa forte conexão com ele. Se formos atraídos por outras formas de Buddha, como Tara, Avalokiteshvara ou Guru Rinpoche, devemos reconhecer que elas emanam da atividade de Shakyamuni. Sem Shakyamuni, nem saberíamos que elas existem.

5. Perguntas frequentes

QUAL É O SIGNIFICADO DA HISTÓRIA DE MILAREPA?

A história de Milarepa é famosa e muito citada no mundo budista tibetano. É responsável por reforçar as ideias sustentadas popularmente do "único e inigualável guru", a onisciência do guru, e que tudo o que o guru faz é um ensinamento ao qual temos que nos submeter. Milarepa foi um grande iogue que, por meio do poder da sua fé no seu lama, deixou de ser praticante de magia negra e assassino de seus inimigos para se tornar um buddha iluminado em uma única vida. Pretende ser um modelo de como deve ser a relação professor-aluno? Eu diria que sim e não.

Sim, a história de Milarepa é impressionante e comovente, mas é um caso incomum, não um modelo para todos. No entanto, há uma tendência de os ocidentais entenderem que é esse o tipo de relação que devem esperar de seus professores. Eles pensam que, como Milarepa, precisam encontrar aquele único guru que os levará à iluminação em uma única vida. Embora seja ótimo ter isso como um ideal, na prática é duvidoso que tenhamos o mesmo tipo de karma que Milarepa, ou uma conexão tão forte com um guru siddha. Mesmo se encontrássemos esse guru, provavelmente não teríamos o tipo de fé e persistência que Milarepa tinha. Em outras palavras, precisamos ter muito cuidado com a forma como interpretamos essas histórias e as aplicamos à nossa própria situação.

Outro aspecto importante dessa história foi sua mensagem maravilhosa para os tibetanos, isto é: "Nós, tibetanos, podemos fazer isso sozinhos. Temos todas as bênçãos de que precisamos, aqui mesmo no Tibete, nos nossos próprios professores." Milarepa foi um dos primeiros tibetanos da linhagem que não teve que buscar ensinamentos da Índia ou dos indianos. Seria como a primeira pessoa ocidental a se iluminar completamente seguindo apenas um guru ocidental. Quando isso acontecer, saberemos que o Dharma realmente se enraizou no Ocidente!

E QUANTO AO MODELO TRADICIONAL DOS TRÊS YANAS?

Professores budistas tibetanos, com frequência, apresentam ensinamentos tibetanos sobre como se relacionar com o guru dentro do contexto do modelo tradicional dos três veículos (yanas), no qual cada veículo tem seu estilo particular de relação professor-aluno. Não acho que essa maneira de falar seja particularmente útil, e vale a pena examinar a razão disso.

Antes do Vajrayana entrar em cena, os sutras Mahayana chamavam os três veículos de Shravakayana, Pratyekabuddhayana e Mahayana (também conhecido como Bodhisattvayana ou Buddhayana). Os professores tibetanos usam esses ensinamentos para enfatizar a importância do Mahayana. Eles classificam Shravakayana e Pratyekabuddhayana como Hinayana.

Mais tarde, comentaristas indianos e tibetanos chamaram os três veículos de Hinayana, Mahayana e Vajrayana. Eles explicam em detalhes as características dos professores, alunos, relação professor-aluno, práticas, motivações, objetivos e compromissos/votos associados a cada veículo. Tudo isso determina o nível de realização possível para os praticantes de cada veículo. No budismo tibetano, os professores tendem a contrastar esses três veículos em grande parte para enfatizar o quanto o Vajrayana é importante e maravilhoso, e que todos devemos aspirar a praticá-lo.

Em linhas gerais, diz-se que o Hinayana é para praticantes inferiores que buscam a liberação pessoal dos sofrimentos do samsara. Os praticantes tomam refúgio nas Três Joias e guardam os cinco preceitos. O progresso se dá apenas no que diz respeito à remoção dos véus ignorantes dos *kleshas* e à realização do não--eu da pessoa. O resultado desse caminho é a condição de Arhat. O nirvana é considerado passivo no sentido de não trabalhar ativa e incessantemente pelo bem-estar dos seres.

Um dos problemas com essa descrição é que, tanto quanto eu sei, ninguém na tradição tibetana pensa que está ensinando dessa forma. Eles ensinam que até mesmo tomar refúgio e guardar preceitos é para o benefício de todos os seres, não apenas para a liberação de si mesmo. Além disso, muitos praticantes da tradição Theravada (que os tibetanos assumem ser hinayanistas) não aceitariam esta descrição como o caminho que seguem. Ao contrário, veem a si mesmos como almejando o estado búdico da mesma maneira que os mahayanistas o fazem.

De acordo com o modelo dos três yanas, o Mahayana é para uma classe superior de praticantes que desejam a liberação dos sofrimentos do samsara para todos os seres. Eles fazem o voto do bodhisattva e seguem o caminho das seis virtudes transcendentes (*paramitas*). Tanto os véus aflitivos dos kleshas quanto os véus do conhecimento sutil são removidos por meio da realização da vacuidade de pessoas e de dharmas. Os praticantes têm grande compaixão e atingem uma espécie de nirvana que, de um lado, não cai na passividade, e do outro, não cai no samsara. Este é o yana que meus professores sempre ensinaram e o que ensino a todos os meus alunos.

No entanto, na prática, os professores tibetanos geralmente não verificam a qualidade da compaixão de um aluno, ou que motivo tem para fazer o voto de bodhisattva. Consideram que, se quiser fazer o voto, o aluno precisa ter a motivação correta. E se não tiver, ao fazer o voto, criará uma conexão que o levará à motivação correta. Em outras palavras, não é preciso muita coisa para se encontrar neste caminho "superior". Nem todos os professores dão o voto do bodhisattva tão facilmente. Lembro-me de quando Gendun Rinpoche começou a ensinar no Ocidente, ele riu de um aluno que ousou lhe pedir o voto de bodhisattva. Ele fez o aluno praticar intensamente por mais dois anos antes de lhe dar o voto. Mais tarde, Rinpoche começou a dar com mais facilidade. No início, ele evidentemente sentiu que era um voto muito importante para ser feito de modo leviano, e com certeza é. Ter que esperar dois anos antes de tomá-lo provavelmente foi muito emocionante e tornou o voto mais poderoso.

O último dos três veículos apresenta o Vajrayana como sendo o veículo dos praticantes mais superiores de todos, aqueles com faculdades espirituais aguçadas — inteligência, fé, compaixão e outras qualidades. É o veículo para alcançar o estado búdico rapidamente a fim de beneficiar todos os seres. A conexão de fé e samaya com o guru e a mandala do guru são vitais, e precisamos de abhisheka, que envolve a realização de votos tântricos. O Vajrayana é descrito como tendo meios hábeis especiais que tornam possível atingir o estado búdico em uma vida. O problema é que, como os ensinamentos e os abhishekas são dados indiscriminadamente a todos os que chegam, todos têm o direito de pensar que estão praticando o Vajrayana e, como tal, pensam estar à frente de outros praticantes que não fazem tal afirmação. Esta é uma das consequências infelizes de apresentar esse ensinamento de forma simplificada e estereotipada, e isso não acontece apenas no Ocidente. Tem acontecido no Tibete há centenas de anos. Minha preocupação é que isso gere descrédito aos ensinamentos Vajrayana.

Trungpa Rinpoche usou a estrutura dos três veículos para explicar que a prática do Hinayana nos mostra a realidade da nossa situação e nos torna menos um transtorno para o mundo. Aprendemos a ser mais disciplinados e precisos sobre nossas ações e iniciamos a meditação sem forma. No Mahayana, dedicamo-nos a nos doar para os outros, sendo completamente abertos, renunciando às ambições mesquinhas do ego. No Vajrayana, deixamos o guru assumir inteiramente o controle da nossa vida. Todos os ensinamentos descritos neste modelo de três veículos são importantes. Classificá-los como se Hinayana fosse para iniciantes, Mahayana para pessoas especialmente bem motivadas e Vajrayana para praticantes avançados cria muita confusão.

Não acho necessário nem conveniente enfatizar esse tipo de distinção a fim de ajudar os alunos a entenderem como se relacionar com os ensinamentos e com um professor do Dharma. As práticas de todos os três yanas são necessárias para todos nós, talvez até os últimos estágios do caminho. Não é como se abandonássemos o primeiro estágio antes de passar para os outros. Na prática, é um processo de aprendizagem em espiral, retornando a todos os diferentes elementos até o fim do caminho. Conforme foi mostrado no Capítulo 3, de fato nos relacionamos com diferentes professores de maneiras diferentes, mas em geral não é tão claro que todos iremos passar de um guru Hinayana para um guru Mahayana e depois para um guru siddha. Essa é mais uma maneira de falar e sistematizar diferentes níveis de ensinamento do que qualquer regra rígida e rápida sobre os diferentes tipos de relação professor-aluno.

Sabe-se que as explicações dos três veículos são baseadas em um relato altamente questionável do desenvolvimento do budismo, derivado de um longo e complicado processo histórico. Existem camadas e mais camadas de textos e ensinamentos que os comentadores budistas tentaram categorizar e organizar em algum tipo de sistema para fins de ensino. As diferentes camadas do desenvolvimento histórico surgiram do esforço para garantir que os ensinamentos não fossem corrompidos, para encontrar maneiras de corrigir entendimentos equivocados e incorporar novos ensinamentos, mantendo a harmonia dentro da sangha budista. Tudo isso é muito interessante e informativo, mas não tenho certeza do quanto é relevante para os praticantes nos dias de hoje. A maioria das pessoas não tem tempo para mergulhar profundamente em todas as polêmicas. Certamente podemos falar sobre todos os diferentes aspectos dos ensinamentos sem tentar limitá-los a três veículos.

Por exemplo, as ações cármicas negativas devem ser abandonadas se quisermos seguir o caminho do despertar. Ainda assim, não há necessidade de chamar este aspecto de Hinayana, como se fosse apenas uma prática de iniciante ou de pessoa inferior. Além disso, uma vez que existem muitos exemplos de gurus mahayana se comportando da maneira que Trungpa Rinpoche descreve como comportamento típico dos gurus vajrayana, não há nenhum valor especial em tentar distinguir um guru mahayana de um guru vajrayana com base em tal comportamento.

É notoriamente difícil de afirmar o que de verdade define o Vajrayana, uma vez que se trata de uma tradição esotérica. Nos textos que pretendem expor as diferenças entre os três veículos, não encontro nada em suas descrições do Vajrayana que não se aplique igualmente ao Mahayana, ou mesmo a todo o budismo. As verdadeiras diferenças estão nas práticas esotéricas. Meu ponto principal aqui é que tudo o que Trungpa Rinpoche e outros professores falam sobre a natureza da relação entre o aluno e o guru no Vajrayana, na prática, o que é atribuído ao Vajrayana neste contexto não é claro, e a natureza exata da relação professor-aluno varia muito.

Por todas essas razões, evito falar sobre a relação com o guru em termos de veículo.

EXISTEM PRÁTICAS CARACTERÍSTICAS DO VAJRAYANA?

É comum as pessoas pensarem que Vajrayana diz respeito a ter muitas imagens e usar sua imaginação para visualizar "deidades" (diferentes formas do Buddha com seus séquitos). Isso atrai algumas pessoas e afasta muitas outras. Mas a visualização da deidade e a recitação de mantras não são as únicas maneiras de praticar o Vajrayana, sendo, portanto, possível ser um praticante vajrayana sem usar nenhuma das chamadas práticas de forma. Analogamente, estar envolvido em práticas de visualização não significa necessariamente que a pessoa está se conectando ao Vajrayana.

Existem práticas próprias, características do Vajrayana. São esotéricas e apenas para os iniciados (ou seja, para aqueles que têm abhisheka, comprometimentos e instruções necessárias dados de maneira adequada). A iniciação deve ser seguida de uma avaliação cuidadosa por parte do guru quanto à adequação do aluno para esse tipo de caminho. Se as práticas do Vajrayana estão sendo desempenhadas corretamente, a única maneira de saber disso é estarmos engajados nelas — e se estivéssemos engajados nelas, nosso samaya seria não revelá-las. Embora isso seja bem conhecido, os professores ainda falam em Vajrayana como se todos os que entram nos círculos budistas tibetanos devessem pensar em si mesmos como praticantes vajrayana. Penso que isso é um grande erro. Não é necessário e ao mesmo tempo questiona a credibilidade do Vajrayana como linhagem de transmissão genuína.

O QUE É UM GURU-RAIZ?

Outro conjunto de perguntas envolve o termo *guru-raiz*, uma expressão usada de forma variável. Por exemplo, podemos encontrar o termo usado no singular, como se descrevesse o professor principal. Em outras ocasiões, o guru-raiz é mencionado no contexto de receber abhisheka — como se alguém tivesse tantos gurus-raízes quanto lamas de quem tivesse recebido abhisheka. Às vezes, o termo é mencionado no contexto de uma prática formal de guru yoga, quando o mestre principal da linhagem, em uma forma idealizada como Vajradhara ou Vajrasattva, é visualizado e referido como o guru-raiz. Às vezes, o termo guru-raiz é usado para o princípio do guru, do qual todos os professores são manifestações. Também se diz que o verdadeiro guru-raiz é a pessoa que nos introduz à verdadeira natureza da mente. Isso implica em que tenhamos realizado a verdadeira natureza da mente e, nesse caso, só podemos reconhecer esse guru-raiz em retrospectiva. Professores iluminados às vezes falam que seu verdadeiro guru-raiz foi aquele que teve o efeito mais profundo sobre eles no seu caminho para o despertar.

Como o termo é usado de maneira diferente em contextos diferentes, isso pode ser bem confuso. Quando cheguei à Índia no fim dos anos 1960, recebi três meses de abhishekas de Kalu Rinpoche. Todos nós que os recebemos o chamávamos de nosso guru-raiz e nos víamos como irmãos e irmãs vajra dentro da sua linhagem de transmissão. No entanto, não havia nenhuma implicação de que isso significava que ele era nosso único lama, ou que estávamos mais sob sua direção do que de qualquer outro lama. Os tibetanos consideram que eu e todos que estiveram presentes no mesmo ritual abhisheka somos irmãos e irmãs vajra do mesmo guru-raiz, ou dizem que temos muitos gurus-raízes em comum. Em outros contextos, o termo guru-raiz tem um significado mais específico e é usado apenas no singular (de forma semelhante a como guru é usado tanto como um princípio único, bem como para suas muitas expressões).

O termo *raiz,* no Vajrayana, se aplica ao que é chamado de as três raízes: o guru, o *yidam* e as *dakinis* e/ou protetores. O guru é a raiz de adhishtana; o yidam, a raiz dos siddhis; as dakinis, a raiz das conexões auspiciosas (tendrel); e os protetores, a raiz da atividade búdica. Isso requer muitas explicações; no entanto, até mesmo saber o que foi dito acima nos ajuda a entender o que significa "raiz" na expressão *guru-raiz*. É o papel do professor como fonte de adhishtana.

Em termos vajrayana, o guru-raiz é quem dá o quarto abhisheka — o ponto culminante do processo do abhisheka que corresponde à instrução final de introdução à natureza da mente (*ngotrö*), o reconhecimento da verdadeira natureza da mente. Por essa razão, o termo *guru-raiz* é usado tanto para a pessoa que dá um abhisheka, quanto para aquela que nos introduz à verdadeira natureza da mente. Na prática, podemos receber abhishekas de vários professores e instruções de outros professores. Em princípio, todos eles são o guru. Podemos pensar em todos eles como manifestações daquele princípio — a fonte de todo adhishtana —, em outras palavras, o guru-raiz como o princípio do guru.

O DALAI LAMA NÃO É COMO O PAPA DO BUDISMO?

Às vezes, as pessoas têm a ideia de que certos lamas importantes, como Sua Santidade o Dalai Lama ou Sua Santidade o Karmapa, são como o papa e podem emitir ordens que todos os seus seguidores devem cumprir. Não há nada parecido com isso nos ensinamentos budistas, embora existam muitos costumes budistas sugerindo uma estrutura de autoridade desse tipo que funcionou em diferentes épocas e lugares. Ainda assim, quando vamos um pouco mais fundo, descobrimos que existem apenas duas estruturas de autoridade bem definidas no budismo. Uma delas diz respeito às regras monásticas; a outra se refere aos alunos que seguem os professores que escolheram. Todas as outras instituições e hierarquias budistas surgiram de considerações práticas e não diretamente dos ensinamentos budistas. As hierarquias se desenvolvem como um elemento intrínseco do princípio da mandala; pertencer a uma mandala significa trabalhar com as hierarquias dentro dela e assim mantê-la coesa.

Muitas vezes, os professores assumem o papel de chefe da linhagem para ajudar os membros de uma linhagem a trabalharem juntos em harmonia. Este é um papel importante e nada invejável; requer grande responsabilidade e possivelmente não muito poder. Os professores precisam exercer suas habilidades de influência e liderança da melhor maneira possível para serem bem-sucedidos. Deve parecer uma espécie de pesadelo, às vezes.

Do ponto de vista dos alunos dentro de uma linhagem, eles seguem a sugestão de seu próprio professor ou professores. Se o chamado chefe da linhagem e seu professor não se dão muito bem, somos apenas obrigados a seguir nosso professor. Não há nenhuma razão doutrinária para que devamos nos submeter à autoridade do chefe da linhagem, embora possa haver uma boa razão para isso. Todos nós temos que aprender a lidar com isso. Para servir bem ao Dharma, uma mandala de sangha precisa estar em harmonia com seu princípio central. Isso é tudo.

OS GURUS NÃO DEVERIAM TER PODERES ESPECIAIS?

Para muitas pessoas, a noção de guru ou lama evoca histórias de magia, mistério e poderes extraordinários, como a capacidade especial de acessar o passado, o presente e o futuro; ver através ou atravessar paredes; controlar os elementos da natureza; manifestar-se em mais de um lugar simultaneamente; aparecer em visões e sonhos; conversar com espíritos, e assim por diante. Mais especificamente, existe a ideia de que o guru saberá o que precisamos fazer a seguir, então tudo o que precisamos fazer é pedir orientação e, a seguir, confiar no guru. Ao agir assim, podemos pensar que estamos nos isentando de toda responsabilidade pessoal na decisão. Eu costumava pensar desse modo. Ainda confio no guru, mas em um sentido muito mais profundo do que contar com as diretrizes de qualquer guru para as coisas saírem conforme o planejado. Às vezes elas saem e outra vezes, não — um pouco como as previsões do tempo.

No entanto, no budismo em geral, e no budismo tibetano em particular, dá-se muita importância aos poderes miraculosos dos gurus. Isso aparece com destaque na vida do Buddha e nas histórias de vida de todos os siddhas, criando uma espécie de meio cultural em que milagres e maravilhas são celebrados e considerados sinais de auspiciosidade (tendrel). No entanto, a maioria dos tibetanos com quem conversei é bem pragmática sobre essas coisas; eles não são facilmente impressionados ou ludibriados. Os tibetanos veem que os ocidentais costumam ser mais crédulos a esse respeito, atribuindo poderes miraculosos a todos os tipos de pessoas como se essa fosse a norma. Não sei ao certo quem é o mais crédulo aqui, mas noto que coincidências auspiciosas (tendrel) se manifestam com muito mais frequência do que se poderia esperar do mero acaso. É mais parecido com o que Jung chamou de sincronicidade. É definitivamente verdade que as coisas estão conectadas de maneiras misteriosas que não podemos atribuir a causas físicas. Toda a ideia de que o karma passa de uma vida para outra se baseia nessa suposição.

Não é necessário pensar que nossos gurus ou professores têm poderes miraculosos, tais como ler nossas mentes, prever o futuro, curar doenças ou nos proteger do perigo. Mesmo que haja muitos exemplos desse tipo de coisa acontecendo com praticantes espirituais, uma pessoa pode ser um guru genuíno sem exibir nenhum desses siddhis. Por exemplo, os dois discípulos principais do Buddha, Maudgalyayana e Shariputra: o primeiro era o principal entre os dotados de poderes miraculosos; Shariputra, porém, afirmava não ter nenhum.

No que diz respeito aos lamas, sou uma pessoa muito comum, sem muita realização. Não manifesto siddhis (poderes sobrenaturais). No entanto, para algumas pessoas, minha própria mediocridade costuma ser exatamente o que me permite ajudá-las mais. Isso demonstra que, mesmo com nossas falhas, todos nós temos, em algum grau, a capacidade de ajudar e inspirar outras pessoas. Além disso, há muitas histórias na tradição budista sobre pessoas espiritualmente capazes e intuitivas que encontram um guru menos experiente do que elas, aceitam o guru como seu professor e fazem um tremendo progresso, superando em muito seu guru em termos de realização, experiência e poderes miraculosos.

No entanto, ainda é verdade que os budistas buscam seus gurus para obter ajuda em todos os tipos de assuntos espirituais e mundanos. Os gurus distribuem remédios búdicos especiais, cordões e talismãs de proteção abençoados, sopram e tocam os enfermos com as mãos ou com objetos sagrados, fazem divinações, consultam seus sonhos, e assim por diante. É comum que os lamas tenham pessoas formando filas para uma consulta ou bênção desse tipo.

Por esse motivo, quero falar um pouco mais sobre onisciência, intuição e divinação.

Onisciência

Um lama como o Karmapa é frequentemente referido como o Conhecedor dos Três Tempos — passado, presente e futuro. É um título aplicado a professores excepcionalmente realizados que podem se colocar no coração da realidade, de onde podem intuir conexões (tendrel), voltando para vidas passadas e para o futuro. No entanto, eles não são infalíveis porque diz-se que eles têm um "véu uterino" que surge ao nascerem neste mundo para nos ajudar.

Quando comecei, aceitei a mitologia da onisciência em torno do Karmapa, pensando vagamente que, de alguma forma, havia um tipo de caminho destinado a mim que um guru como ele conhecia. Isso foi ajudado por uma noção da minha própria importância no esquema do universo e um desejo de certeza. Pensei que o guru conhecia o caminho que me era destinado e que me orientaria de acordo com ele. Interpretei os eventos como "eram para ser" ou estavam em conformidade com um padrão que parecia revelar meu destino. Por fim, desenvolvi uma perspectiva mais realista.

Gradualmente, descobri que a onisciência do Karmapa não significava saber tudo o tempo todo, mas às vezes ter acesso a um conhecimento especial — talvez apenas quando em samadhi profundo. Além disso, percebi com o tempo que os discípulos do Karmapa, incluindo os que eram lamas, não faziam automaticamente o que ele lhes dizia; sentiam-se livres para negociar e/ou adotar estratégias engenhosas de evitação caso achassem melhor! A sensação de que lhe deviam obediência parecia provir mais do respeito pela posição que ele ocupava na hierarquia institucional do que da crença em sua onisciência.

No entanto, às vezes parece que as coisas são "destinadas a ser" ou que existe algo como "destino". Os tibetanos relacionam tudo isso ao karma ou a conexões auspiciosas (tendrel). Muitas vezes, o padrão de eventos na nossa vida parece se conectar de uma forma que é inexplicável em quaisquer outros termos. Será errado pensar que um guru — ou qualquer outra pessoa, com relação a isso — pode ler esse tendrel para nós? Tenho certeza de que às vezes pode, e às vezes nós mesmos podemos lê-las, mas elas estão sempre sujeitas a interpretação.

Intuição

Embora professores realizados possam demonstrar uma intuição extraordinária, eles ainda são falíveis; então, é um mito pensar que nossos professores sabem tudo ou precisam saber tudo sobre nós para nos ensinar. Dito isso, alguns lamas parecem ser genuína e especialmente intuitivos. Eles podem sentir algo sobre a nossa mente e o padrão dos eventos, de modo que dão respostas incrivelmente apropriadas e fazem previsões precisas. Khenpo Tsultrim Gyamtso Rinpoche muitas vezes parecia ser muito intuitivo no que dizia respeito à minha vida. Mesmo assim, ele insistia que ninguém sabe o que vai acontecer. Na verdade, na minha experiência, mesmo as previsões do 16º Karmapa nem sempre eram precisas, e suas ordens e instruções nem sempre podiam ser cumpridas na prática, apesar dos meus melhores esforços.

Divinação

Em tempos de indecisão, os tibetanos provavelmente procuram um lama para fazer uma divinação para eles. Na verdade, procuram qualquer pessoa conhecida por ser boa em adivinhações, seja lama ou não. Obviamente, a divinação de um lama altamente realizado tem muito adhishtana e é mais provável que seja precisa do que uma feita por uma pessoa menos realizada.

Alguns lamas recorrem a divinações, presumivelmente vendo isso como parte de seu papel de guia espiritual. No entanto, muitas vezes alertam as pessoas que as divinações devem ser o último recurso, uma vez que não são confiáveis. O lama realmente acredita que o futuro já existe e é discernível? Ou será que o futuro é, na verdade, incerto; porém, ao realizar uma divinação, o lama está captando um sinal de uma tendência nos eventos ou uma direção provável? Solicitar uma divinação significa que temos que fazer o que o lama diz? O que acontecerá se não o fizermos? Quem sabe? Não há nada nos ensinamentos do Buddha nem nada que doutrinariamente obrigue alguém a seguir os resultados de uma divinação. Suponho que isso significa que é carmicamente neutro se fizermos ou não.

Embora os lamas enfatizem que as divinações podem não ser confiáveis, quando as pessoas estão desesperadas e não conseguem tomar uma decisão de outro modo, um lama pode fazer uma divinação e dar o que parece ser uma resposta muito determinada e respeitável. Talvez seja porque o lama sabe, por experiência própria, que suas divinações geralmente são corretas, mas pode ser apenas por compaixão e uma tentativa de dar à pessoa a força de que ela precisa para tomar a decisão. Digo isso porque notei, ao longo dos anos, que muitos tibetanos, não apenas lamas, vão dar respostas enfaticamente diretas se lhes apresentarmos indecisões. Talvez seja porque considerem as demonstrações públicas de indecisão como uma forma de sofrimento. Portanto, se um lama nos der uma instrução bem assertiva sobre o que devemos fazer, é bom estarmos cientes de que pode não ser outra coisa senão uma resposta à nossa indecisão. O que eles de fato podem estar dizendo é: "Esta é uma maneira de tomar uma decisão". Eles podem ter dito para fazermos uma coisa, mas, se apresentarmos uma alternativa que seja igualmente boa do ponto de vista e da prática do Dharma, eles podem nos dizer para escolher esse caminho no mesmo tom assertivo usado antes.

A tendência dos lamas tibetanos de dar conselhos como uma diretriz assertiva pode alimentar fantasias sobre os poderes dos lamas. Se suas diretrizes e previsões funcionarem bem, isso reforça o mito da onisciência e uma noção de dependência; pensamos: *se o lama sabe tudo, é melhor eu perguntar tudo a ele!* Percebi que os lamas tibetanos ficavam surpresos com a forma como seus alunos seguiam suas diretrizes, sabendo o tempo todo que eram problemáticas. Os lamas se perguntam por que os alunos não lhes contaram se sabiam. Em outras palavras, os lamas não estão necessariamente dando diretrizes de presciência ou poder sobrenatural. Mesmo se estivessem, ninguém está alegando ser infalível. Seguimos as diretrizes deles por nossa própria conta e risco. Podem funcionar ou não. No entanto, tudo isso é completamente irrelevante para a séria tarefa de trabalhar com um professor para avançarmos no caminho para o despertar. Felizmente, não precisamos encontrar um guru que seja brilhante em divinação ou que tenha poderes sobrenaturais.

NÃO DEVEMOS SEMPRE OBEDECER AO GURU?

Em algumas comunidades sangha, o professor responsável pela condução dos ensinamentos insiste em obediência. É possível se comprometer com um professor, uma sangha ou um programa de treinamento sem pensar em termos de obediência ou de seguir ordens. Alguns professores (como eu) são consultivos em sua abordagem e trabalham arduamente para apoiar seus alunos em qualquer direção que desejem tomar. Outros professores são mais autoritários e treinam seus alunos para serem obedientes. Existem vantagens e desvantagens em ambas as abordagens. É uma escolha do professor, mas também do aluno. O aluno pode procurar o estilo de professor que deseja, mas não é sua função tentar transformar qualquer professor no estilo do professor que deseja ter. Ainda assim, alguns alunos costumam tentar!

O professor pode querer obediência porque isso torna sua vida mais simples, ou porque foi treinado assim. Ou vê isso como um meio hábil de nos ajudar a nos disciplinar e desistir do apego ao ego. Pode haver outros motivos, suponho. Se nos comprometermos a seguir tal professor, teremos de aceitar que esse é o trato — optamos por nos comprometer com um professor que exige obediência. Sempre podemos escolher recuar em algum ponto, mas é melhor fazê-lo com cortesia, respeito e gratidão, admitindo que não fomos capazes de manter nosso comprometimento. Isso é lamentável, mas às vezes acontece. Claro, isso afetará nosso relacionamento com aquele professor, mas, se acontecer, não é o fim do mundo.

A obediência parece ser um pouco dura demais, como se devêssemos ser subservientes ou desistir da nossa autonomia. Se somos obedientes, é porque escolhemos obedecer. Podemos obedecer de boa vontade.

A obediência pode ser entendida em termos de querer servir, mostrar cortesia e respeito para com aqueles que nos ensinam. Tentamos descobrir o que eles pensam, querem e precisam e por quê; tentamos cumprir suas instruções e desejos no espírito a que se destinam, checando com nossos professores para ter certeza de que entendemos devidamente o que nos está sendo pedido. Isso é o que cria uma mandala de ensinamento e sustenta toda a sua dinâmica. À medida que entramos em uma mandala, também a estamos criando até certo ponto. Nossa contribuição é necessária para ajudar a desenvolver essa mandala.

Não fui pressionada por meus gurus a obedecê-los, mas às vezes eles deixavam claro que, se eu não obedecesse, eles seriam isentos de responsabilidade em termos do meu progresso espiritual. Sei que sempre que questionava ou negociava com Khenpo Tsultrim Gyamtso Rinpoche sobre algo que ele tinha me dito para fazer, ele sempre me devolvia isso como minha decisão e minha responsabilidade, ao mesmo tempo que se mantinha firme sobre o que estava me direcionando a fazer. Tudo se resumia a me desafiar a continuar obedecendo a ele ou não. Eu poderia fazer de um jeito ou de outro, mas se ele fosse responsável por mim, teria que fazer o que ele disse. Se chegasse a hora da crise, tenho certeza de que se ele me dissesse para pular de um penhasco, eu não pularia, mesmo suspeitando que teria sido vantajoso para mim. Nem sempre fiz o que ele me disse para fazer, e quando o fiz, nem sempre funcionou como o esperado. De modo geral, mantive o equilíbrio, aceitando a responsabilidade por minhas ações ao escolher obedecer aos meus professores, enquanto sentia respeito e gratidão por sua orientação contínua no caminho espiritual.

Pessoalmente, fico muito grata quando qualquer guru mostra interesse em mim e tentei fazer o melhor possível para cumprir o que eles me instruíram a fazer. Se o guru em questão tivesse dito: "A maneira de seguir o caminho é solucioná-lo por si mesmo e não seguir nenhum guru", eu provavelmente teria acreditado. Evitei o problema de receber ordens contraditórias, ficando com um guru de cada vez. Em geral, uma vez que o professor ou guru estava se oferecendo para me dizer o que fazer para me despertar, eu estava disposta a seguir suas instruções. Quando Trungpa Rinpoche disse: "Vá estudar com Karma Thinley Rinpoche na Índia", eu fui, e quando Karma Thinley Rinpoche me disse para me tornar monja e meditar sobre a vacuidade por um ano em retiro, fui em frente e foi isso o que eu fiz.

De modo geral, é importante olhar para a questão da obediência em termos do princípio da mandala conforme ele se aplica a um guru e seus seguidores. Se a periferia de uma mandala não dá suporte ao princípio central ou à pessoa ou pessoas que defendem o princípio central, toda a mandala sofre. Ela desmorona. Portanto, para sustentar a mandala de ensinamento e garantir que ela continue a funcionar para o nosso bem e para os outros, mostramos cortesia e respeito por aqueles que ocupam o centro, as funções mais responsáveis na mandala. Isso inclui obediência no sentido de não se opor a seus desejos ou tentar desafiar sua autoridade.

Em um nível pessoal, se ocuparmos o tempo de um professor pedindo conselhos, é apenas cortês tentar segui-los ou pelo menos considerá-los com respeito. Coloque-se no lugar do professor e reflita sobre o que acha que seria respeitoso e cortês nessa posição. Pense nisso como uma forma de se relacionar com outra pessoa, em vez de uma questão de regras de etiqueta. Por exemplo, como você se sentiria se começasse a dar seu tempo e atenção a alguém, convidasse essa pessoa a entrar no seu mundo com um certo entendimento compartilhado, e daí ela fosse embora sem dizer uma palavra? Ou se começasse a lhe criticar por você não ser o que ela esperava que fosse? Ou continuasse pedindo seus conselhos sem dar atenção aos que já havia recebido? Ou causasse problemas entre seus outros alunos e parasse de se comunicar com você honestamente? A lista não para por aqui!

Com alguns professores, podemos querer mostrar mais do que apenas cortesia e respeito. Podemos querer nos comprometer com eles de alguma forma. Por exemplo, "Vou me comprometer com esse treinamento ou com essa sangha da maneira que você me disser para fazê-lo, com o melhor de minha capacidade". O professor, por sua vez, pode então testar se você é confiável para cumprir esse compromisso. A confiança pode aumentar com o tempo. Não é que professores e alunos não cometam erros; a questão é que algo profundo pode acontecer quando nos comprometemos dessa maneira. Comprometimento significa tomar uma decisão definitiva de seguir uma determinada direção e ser confiável para mantê-la. Isso cria uma poderosa situação de Dharma que nos acompanhará de uma vida para a outra. Nesse sentido, pertencemos a uma determinada mandala e mantemos uma conexão com a linhagem para nós mesmos e para os outros. Ela se torna nosso contexto, nosso mundo ou nosso lar.

Obviamente, ninguém pode ter certeza absoluta sobre o futuro e como as situações vão mudar. Ainda assim, quando estamos trabalhando com outras pessoas, investimos nossa energia em relacionamentos que temos boas razões para pensar que vão durar. Comprometermo-nos com os relacionamentos é dizer aos outros que queremos que eles confiem em nós para darmos continuidade ao relacionamento, para que possamos confiar que farão o mesmo. É um entendimento compartilhado. Se a situação mudar, todos nós teremos que revisar nossos comprometimentos, e isso pode ser feito com abertura, clareza e sensibilidade. Talvez essa seja a essência da cortesia e do respeito.

Os tibetanos sabem muito bem que mesmo os lamas totalmente realizados são falíveis, e que a principal razão para obedecer a um lama é manter uma forte conexão samaya. Embora se diga que se obedecermos ao guru só temos a ganhar, ainda assim os contratempos são possíveis, e um guru pode acabar dando maus conselhos. A questão é que, mesmo que isso aconteça, nossa obediência terá um bom resultado cármico no final.

Por outro lado, mesmo que a pessoa não obedeça ao seu guru, isso não é um crime. Ainda assim, pode danificar um pouco o seu samaya. E ainda assim, por meio da compaixão do guru (no sentido do princípio do guru), os samayas sempre podem ser reparados ao adotarmos a atitude apropriada.

O QUE SIGNIFICA QUEBRA DE SAMAYA?

Samaya (*damzig*) é o termo usado para indicar um vínculo sagrado, uma palavra dada, lealdade, confiabilidade e assim por diante. Este é um princípio importante em todas as formas de budismo e na sociedade em geral. Isso é particularmente enfatizado quando se trata do budismo Vajrayana, porque é ensinado que quebrar seu samaya com o guru o levará direto para o inferno vajra. Há muito o que destrinchar em tudo isso.

O que significa "quebrar" neste contexto? Isso acaba se revelando um dano. Danificamos nossa conexão com os professores ao nos voltarmos contra eles. Isso é particularmente perigoso se tivermos estabelecido um relacionamento próximo usando as práticas esotéricas vajrayana. Poderíamos dizer que toda vez que vemos nosso professor, ou qualquer ser, como menos do que uma expressão da sua natureza búdica, estamos danificando a conexão que temos com eles. Podemos nos arrepender infinitamente até alcançarmos a iluminação. Com certeza, danificaremos nosso samaya enquanto não realizarmos verdadeiramente a nossa própria natureza búdica, assim como a natureza búdica dos outros.

Na história de Milarepa, seu professor Marpa criava tantas situações difíceis que ele sentiu vontade de desistir em desespero. Com a ajuda da esposa de Marpa, Dagmema, Milarepa tentou ludibriar outro lama para que este lhe desse ensinamentos, falsificando uma carta de Marpa. No entanto, Milarepa não fez nenhum progresso e teve que voltar para Marpa e receber punição por sua desobediência.

Podemos pensar que certamente Dagmema também estava quebrando seu samaya, sua palavra ou vínculo de honra com Marpa, por tomar parte nesse fiasco. Mas Marpa disse que Dagmema não tinha culpa, pois ela fez aquilo por compaixão. Ela não perdeu a fé em Marpa em nenhum momento. Também não exagerou a omissão que viu no comportamento de Marpa. Agiu daquela forma na esperança de que assim protegeria Milarepa. No fim, Marpa também não culpou Milarepa por fugir e tentar obter ensinamentos de outro professor. Se tivesse ficado, ele teria purificado seu karma mais rapidamente, mas no fim tudo acabou bem, pois a grande fé que Milarepa tinha em Marpa é inquestionável. Tomar medidas evasivas não é, por si só, quebra de samaya.

Simplesmente abandonar um professor também não é quebra de samaya, mas danifica a conexão se o fizermos sem habilidade. Isso não significa que não podemos repará-lo fazendo aspirações de sempre ter uma boa conexão em todas as nossas vidas futuras, ajudando uns aos outros a alcançar a iluminação para o benefício de todos os seres.

Há muito o que fazer para restaurar uma conexão danificada. Nosso voto de bodhisattva não permite que nos voltemos contra ou rejeitemos qualquer ser, muito menos nossos professores. Voltarmo-nos contra e rejeitarmos nossos professores é contra nossos votos de refúgio e nossos votos de bodhisattva. É normal ter dúvidas sobre o comportamento do nosso professor. Tentar evitar ou corrigir danos causados pelas ações dos nossos professores pode acabar sendo incorreto, mas se for feito com respeito e motivação pura, isso em si não é quebra de samaya. Pelo contrário, pode ajudar tanto o professor quanto o Dharma e, assim, inúmeros outros seres.

O COMPROMETIMENTO COM UM GURU PRECISA SER EXCLUSIVO?

Será que a importância da nossa conexão samaya significa que só devemos ter um professor principal? Como professora, fico feliz em aceitar alunos de outras sanghas e trabalhar com eles na medida do permitido por seus outros compromissos. Acho que essa é uma maneira muito boa de as sanghas fazerem "polinização cruzada". No budismo tibetano, é normal que os professores de uma linhagem tenham conexões com todas as outras linhagens. O ponto principal é termos clareza quanto a nossa lealdade primária e não agirmos como se estivéssemos mais comprometidos com um professor, ou sangha, do que de fato estamos. Isso tem relação com o papel da orientação espiritual e se é necessário ter um professor principal, como discutido no Capítulo 3.

Para os ocidentais que leem a história de Milarepa, parece que todos devemos ter apenas um guru pessoal, como se houvesse um único lama lá fora esperando por nós e nenhum outro lama servisse. Isso implicaria que teríamos uma conexão cármica especial com um professor que estava neste mundo, nesta época e disponível para termos esse relacionamento com ele. Nem sempre é esse o caso. Não vamos esquecer que o próprio Marpa tinha alguns gurus, e orava ardentemente por todos eles como se cada um fosse seu único guru.

No entanto, alguns professores insistem que seus alunos fiquem dentro do rebanho, que não vejam outros professores nem leiam seus livros. Um professor tem o direito de fazer isso, mas, em geral, comprometermo-nos com um guru não significa que não podemos nos conectar com outros professores. Muitas vezes, já temos uma forte conexão com outros professores antes de encontrar o lama que queremos ter como nosso professor principal.

Uma vez que tenhamos escolhido um professor principal, há uma sensação de que receber ensinamentos e transmissões de outros professores pode nos deixar expostos à confusão e ao conflito, tanto dentro de nós como com as pessoas nas várias mandalas envolvidas. É por isso que, de modo geral, só podemos receber orientação de um professor por vez, ou de uma mandala de professores trabalhando juntos. Deixar de estar comprometido com uma mandala para nos comprometer com outra mandala é um processo delicado. Os guardiões da mandala em todos os níveis, e diferentes lados dos limites envolvidos, estimulam muita emoção em tais situações. Pode correr tubo bem, mas as chances são de que haverá momentos um pouco difíceis.

É claro que as coisas podem não dar certo e temos que rever as situações de vez em quando para garantir que o princípio central de uma mandala de ensinamento seja mantido e sustentado de maneira adequada. É importante ter em mente que, em geral, não chegaremos a lugar nenhum se nos afastarmos de uma mandala de ensinamento quando as coisas ficarem difíceis. Os textos falam em termos de servir ao guru e fazer oferendas. No contexto de uma situação de sangha, isso inclui fazer a nossa parte no apoio à atividade de ensino dos professores.

Fazer a nossa parte energiza as conexões (samaya) para todos na mandala, no presente e no futuro. É assim que conseguimos expressar nossa conexão de coração (samaya) com a linhagem.

No entanto, às vezes acontece que uma mandala de ensinamento se afasta tanto de seu princípio central que nosso único recurso é nos afastar. Nesse caso, precisamos fazer isso da maneira mais respeitosa e harmoniosa possível. Isso é uma questão bem diferente de simplesmente ignorar o fato de que nossas ações têm um impacto sobre o resto da mandala.

É ERRADO CRITICAR O PROFESSOR?

Nós, ocidentais, para quem toda a ideia de um professor espiritual ou guru é uma novidade, tendemos a exagerar com nossas projeções e vulnerabilidades e, a seguir, ficamos chocados ao descobrir os pés de barro do nosso professor, sejam eles reais ou imaginários. A mídia parece ter prazer em detectar deficiências e derrubar ídolos sempre que possível. Isso cria uma atmosfera totalmente diferente daquela que encontrei entre os tibetanos. Eles parecem ser muito mais práticos e diretos sobre os professores e gurus do que nós, e confiam nos bons princípios e qualidades, em vez de ficarem fascinados com as personalidades, como nós, no Ocidente. Procuram as boas qualidades e não os defeitos e, sempre que possível, tentam acentuar as primeiras e minimizar os últimos, acreditando que, ao ver as boas qualidades nos outros, essas mesmas qualidades se desenvolvem em nós. Isso é chamado de *mudita*, regozijar-se pelo bem feito pelos outros.

Nos círculos budistas tibetanos, dizem que é errado criticar o professor, especialmente se ele for um mestre vajrayana. Isso pode ser muito mal interpretado; afinal, o que classificamos como crítica? O termo em tibetano traduzido como "crítica", na verdade, significa "encontrar defeitos que não existem e negar as boas qualidades que estão presentes" — algo que não devemos fazer com ninguém, em especial com praticantes e professores do Dharma, e certamente não com bodhisattvas ou com um mestre vajrayana.

Quando vemos uma imperfeição ou fraqueza em uma pessoa como um professor, temos a tendência de generalizá-la e pensar que essa pessoa não é boa. Ignorar suas boas qualidades e focar em seus pontos fracos é desrespeitoso e prejudicial para eles, para nós mesmos e para os outros. O que vemos como uma imperfeição pode não ser uma falha aos olhos de todos, então por que chamar a atenção para isso desnecessariamente? Khenpo Tsultrim Gyamtso Rinpoche nos disse para sempre vermos as imperfeições dos outros como vazias e ilusórias e suas boas qualidades como sua verdadeira natureza búdica reluzindo. É assim que devemos olhar para nossos professores, sejam eles vajrayana ou não. Na verdade, é assim que devemos olhar para todos os seres a fim de amá-los como a nós mesmos.

Lembro-me de ter feito tradução para um velho lama tibetano que era bem mal-humorado comigo. Quando conversei com sua sobrinha sobre isso mais tarde, ela simplesmente disse: "Ah, sim, ele é mal-humorado...", dizendo isso sem nenhuma sensação de ter perdido o respeito por ele. Ela o via como um bodhisattva com amor e compaixão por todos os seres. A seus olhos, o temperamento explosivo era apenas um sinal de que ele era um homem velho e nada mais.

O QUE SIGNIFICA DIZER QUE ALGUÉM É MEU GURU?

Hoje em dia, no Ocidente, expressões como "meu professor", "meu lama", "meu guru" foram contaminadas por conotações inúteis ou até mesmo por certa jocosidade. Culturalmente, não estamos acostumados a usar essas expressões e às vezes podemos ser vítimas de credulidade ou ingenuidade. Ringu Tulku abordou essa questão de forma sucinta quando comentou que os ocidentais tendem a ver a situação como a escolha de um cônjuge, torturando-se sobre se escolheram "a pessoa certa" ou não.

No entanto, isso não é brincadeira. Precisamos de orientação espiritual e precisamos nos comprometer a seguir um professor ou um conselho de professores que possa nos conduzir em um treinamento bem fundamentado e estruturado de como praticar o Dharma. Sem isso, podemos vaguear por décadas lendo livros e aprendendo aqui e ali, sem realmente aprofundar a nossa compreensão. Essa foi a experiência de muitos de meus alunos antes de se juntarem à Sangha do Coração Desperto.

Meus alunos tendem a se referir a mim como sua lama, mas cada aluno quer dizer algo diferente com isso. Alguns me pediram para aceitá-los como alunos e conversamos sobre o que isso significa para eles e para mim. Acho que essa é uma boa base para construir um bom relacionamento. Nem todos os meus alunos fazem isso de modo formal. Com o passar do tempo, fica mais evidente que desenvolvemos uma boa relação professor-aluno simplesmente por trabalharmos juntos na sangha.

Não sei o quanto é comum na tradição tibetana que os alunos peçam aos professores que os aceitem como alunos. Percebo hoje em dia que os alunos de Ponlop Rinpoche fazem pedidos formais para se tornarem alunos de Khenpo Rinpoche e esperam nervosos pela resposta. Não sei se alguma vez ela vem negativa, mas, com certeza, receber a confirmação formal de que ele os aceitou é um momento muito especial.

Entre os tibetanos, é costume trabalhar com o lama local ou com o lama da família como seu professor. A cultura tibetana os ensina a se relacionar com os lamas, e as pessoas aceitam a autoridade de quem quer que seja o responsável pela sangha local. Em outras palavras, "Quem é o meu lama?" não é o tipo de pergunta que eles normalmente fariam. Se perguntarem a outra pessoa quem é o seu lama, seria simplesmente para ter uma noção da sua linhagem, tal como perguntar de onde você vem e quem são seus pais. A resposta que daríamos iria depender da situação. Até mesmo os tibetanos devotos com quem falei ao longo dos anos afirmam não ter ninguém a quem chamariam de "meu" lama, no sentido de uma única pessoa de quem recebem orientação ou que consideram seu "guru-raiz". Eles explicam que isso se deve ao fato de nunca terem conhecido alguém em quem pudessem ter tanta fé.

Certa vez um aluno me perguntou se eu sentia uma relação especial com ele. Acredito que um professor realizado consegue saber por meio de poderes especiais que essa relação existe. Acredito que se qualquer uma das partes sente uma relação especial, é provável que tenha havido uma relação em vidas passadas, mas isso realmente não faz nenhuma diferença no que fazemos a esse respeito nesta vida. Trabalhamos com o que temos agora, independentemente do que aconteceu no passado. Precisamos apreciar o fato de que, por meio de um professor ou guru genuíno, podemos receber a bênção de todos os outros professores e gurus. Pode ser possível obter tudo o que precisamos com apenas um professor e até mesmo com apenas uma prática. Podemos descobrir que precisamos de mais de um. Confiar na nossa inspiração e nas nossas conexões é o mais importante.

Assisti a um documentário sobre um proeminente professor tibetano e senti que captou muito bem todo o problema de falar sobre o "meu lama". O filme mostrou um grupo de estudantes intrigados sobre o que significa ter um lama. Eu não conseguia entender por que eles haviam decidido que o lama era "seu lama", uma vez que não tinham muita ideia do que é um lama ou do que significa ter um lama. Não sei ao certo se a mensagem do filme é que o lama é um guru siddha ou não. O lama chegava continuamente atrasado ou nem sequer aparecia nos compromissos; em um minuto ele agia como se estivesse dirigindo seus alunos e, no minuto seguinte, parecia estar ignorando ou mesmo tentando se livrar deles. Os estudantes eram mantidos em suspense e cheios de achismos à medida que passavam de um encontro dramático para o seguinte. O filme não indica se eles aprendem alguma coisa com tudo isso. O que *fica* claro é que o lama é errático e imprevisível. A sugestão é que suas ações não podem ser julgadas pelos padrões comuns, mas não está claro por que não. Isso reflete muito do que acontece no cenário do budismo tibetano. Certos lamas muitas vezes desejam, por um lado, ser entendidos como os seres humanos que são, mas, por outro, querem usar o fato de que não podemos julgar as ações de um siddha como desculpa para um mau comportamento e até mesmo abuso. O fim do filme mostra o lama recebendo as boas-vindas e sendo até venerado por milhares de discípulos budistas tibetanos no Butão. Tudo o que buscam dele é sua bênção (adhishtana), porém, ficamos com a impressão de que ele realmente não atribuía valor a esse tipo de devoção cega à sua pessoa. O filme ilustra muito bem como os ocidentais, sem a formação cultural necessária, não têm ideia do que fazer com a relação professor-aluno no budismo tibetano.

A DEVOÇÃO TEM QUE SER ABERTAMENTE EMOCIONAL?

Às vezes vemos pessoas — até mesmo tibetanos — tremerem e chorarem na presença de gurus, à medida que a admiração, a reverência e a fé crescem dentro deles. Ainda assim, os tibetanos não interpretam isso como querendo dizer que eles têm uma relação especial com o guru, para além do que se revela naturalmente. Podem facilmente admitir que devem ter uma relação cármica que veio do passado, mas pode ter sido como o cachorro do guru ou algo assim. Por outro lado, muitos grandes iogues nunca desmaiaram ou sentiram nada fora do comum quando conheceram seus professores.

Quando conheci Khenpo Tsultrim Gyamtso Rinpoche, não desmaiei, nem tremi, nem aconteceu nada dramático assim. Ao me lembrar disso, acho que deve ter havido alguma conexão cármica para eu estar tão imediatamente certa de que ele era o lama que eu queria seguir. Isso nunca tinha acontecido dessa forma para mim antes. No entanto, poderia não ter funcionado mesmo assim. Não há necessidade de inventar sentimentos desse tipo. O importante é cultivar o respeito por todos os professores e companheiros do Dharma.

Como ocidentais, devemos tomar cuidado para não ficarmos procurando sentimentos dramáticos de devoção quando encontramos um guru. Não temos que competir uns com os outros sobre quem está sentindo mais fé, amor ou devoção ou quem está expressando da melhor maneira. As pessoas expressam sua fé, amor e devoção de muitas maneiras, e só depois de muito tempo podemos realmente mostrar a confiabilidade dos nossos sentimentos. Como Khenpo Tsultrim Gyamtso Rinpoche me disse quando declarei que tinha grande fé nele: "Veremos".

A questão é seguir em frente e trabalhar com a situação que se apresenta. Nosso trabalho é criar uma conexão positiva com nossos professores para que em vidas futuras tenhamos conexões cármicas fortes e benéficas, que vão amadurecer em situações dhármicas favoráveis por meio de nossa fé e perseverança.

VOCÊ PODE COMENTAR SOBRE AS SITUAÇÕES ABUSIVAS?

Infelizmente, o tópico do abuso não pode ser evitado, já que hoje em dia um professor após o outro, seja ocidental ou asiático, seja budista ou de outra tradição religiosa, é chamado a responder por comportamento abusivo. Isso inclui assédio sexual (até estupro), violência (verbal, emocional e física) e ostracismo. Acontece que os alunos acreditam na ideia de que, para fazer parte do grupo, eles precisam se sujeitar e, para ganhar a predileção do guru, precisam obedecer e tolerar tudo o que ele fizer, caso contrário algo terrível acontecerá a eles. Talvez, ao ingressarem em uma sangha, os alunos devessem ser avisados de que o fazem por sua própria conta e risco.

A dificuldade aqui é que, quando nossos professores agem de uma forma que nos parece equivocada, bizarra ou até abusiva, sempre precisamos verificar se o que vemos como suas imperfeições não são simplesmente nossas próprias projeções. Em momentos como esse, podemos pensar nas histórias dos siddhas e duvidar do nosso próprio julgamento. Como é que isso vai acabar? Será que lembrar dessas histórias vai nos ajudar a manter a fé e a visão pura, ou será que elas serão usadas para encobrir problemas que precisam ser resolvidos, ou até mesmo para esconder abusos? A dificuldade inerente aqui é que professores inescrupulosos às vezes exploram as histórias para seus próprios fins. Ao sugerir que o erro está todo do lado do aluno devido a sua falta de fé, eles podem minar a autoconfiança do aluno e a confiança em sua própria capacidade de fazer julgamentos justos. Patrul Rinpoche menciona isso de passagem quando diz que, em sua época, havia muitos que se passavam por siddhas e não eram, copiando superficialmente o comportamento deles, como se esse fosse o modelo para todas as relações professor-aluno. Infelizmente, os alunos podem ser facilmente forçados à submissão pela tirania do ego inflado de um professor e pelas crenças cegas de seus seguidores. As vítimas de tal tirania ficam ainda mais vulneráveis se lhes for dito que é errado resistir porque o guru sabe o que é melhor, ou que irão para o inferno se não se submeterem.

Infelizmente, se aceitarmos essa crença e essa forma de intimidação, precisamos assumir nossa parte da responsabilidade por isso. Por mais vulneráveis que possamos ser, no fim das contas, aquilo em que acreditamos é a *nossa* escolha. É errado que o bullying e o abuso aconteçam, mas acontecem, e todos nós precisamos fazer o que pudermos para garantir que não aconteçam com pessoas vulneráveis. Na minha opinião, não há benefício espiritual em não falar nada quando o comportamento de alguém coloca pessoas vulneráveis em risco.

Como já apontei várias vezes, as chances de estarmos trabalhando com um guru siddha totalmente iluminado, demonstrando uma conduta de iogue, são muito remotas atualmente. Mesmo se estivéssemos lidando com esse tipo de guru, chamar o guru para a tarefa de proteger os fracos é motivação pura. Isso pode ser errado, mas um guru iluminado entenderia e responderia de acordo. Até mesmo na história de Milarepa, Marpa diz a sua esposa que ela não estava completamente errada em tentar ajudar Milarepa a obter ensinamentos em outro lugar, quando roubou os seus pertences e os deu a Milarepa para oferecer a outro professor!

É preciso coragem para denunciar ou questionar o comportamento de qualquer pessoa, mas especialmente de um professor. Fazer isso pode significar que perderemos nosso lugar na sangha, mas em geral esse é o preço que temos que pagar por uma consciência limpa. É importante que as comunidades sangha defendam seus valores e se recusem a tolerar comportamentos abusivos. Dito isso, estou ciente de que o julgamento sobre o que constitui um comportamento abusivo varia de uma pessoa para outra. Já recebi acusações de abuso por parte de alunos que simplesmente ficaram zangados por não conseguirem o que queriam, ou que interpretaram mal a minha expressão facial, o meu tom de voz ou algum outro aspecto do meu comportamento. Lembrem-se que os professores também podem ser vulneráveis. Muitas vezes carecem do apoio dos colegas e da sociedade tradicional que costumava proteger o papel do professor. Muitas vezes, são os principais interessados nas instituições que estão tentando criar e precisam agir para proteger seus próprios interesses, necessidades e preocupações legítimas e, ao mesmo tempo, serem os líderes espirituais do corpo discente. Tanto os professores como os alunos precisam de empatia e compreensão. As sanghas precisam de políticas para proteger tanto aqueles que acusam outros de abuso, quanto os acusados. Essas situações colocam todos em uma posição tão desagradável que a tentação é varrer tudo para debaixo do tapete o mais rápido possível. Seja qual for o lado que escolhermos, corremos o risco de prejudicar a outra parte, especialmente na ausência de testemunhas confiáveis. Lidar com tudo isso de forma justa, ouvindo e cuidando de todos os envolvidos, pode levar tempo e requer habilidade. Nem sempre é possível encontrar as pessoas para dar a elas todo o tempo de que precisam. Enquanto isso, quanto mais as pessoas ouvem falar sobre o assunto, com mais emocionalidade a sangha tem de lidar. Ninguém sabe em quem acreditar, enquanto todos se sentem forçados a tomar partido. Como podemos apoiar os dois lados ao mesmo tempo, se não sabemos em quem acreditar? As coisas são tratadas como piores do que são e todos se sentem arrasados e desamparados. Enquanto tudo isso está acontecendo, a única coisa que ajuda a restaurar a conexão e a confiança são as nossas habilidades de comunicação. É por isso que incentivo todos os meus alunos a se familiarizarem com a comunicação não violenta ou algum treinamento equivalente e, em especial, compreenderem o papel que a autocompaixão (*metta* para consigo mesmos) pode desempenhar para nos ajudar a nos conectar e reconectar uns aos outros de uma maneira genuína e positiva.

Não sei se isso é boa ou má notícia, mas esse tipo de problema era comum na época do Buddha há mais de 2500 anos.

Existem pelo menos duas histórias nos suttas em que detratores invejosos do Buddha tentam implicar ele e seus monges em má conduta (em um caso, quebrar as regras do celibato; no outro, assassinato).

Os textos mahayana sobre o desenvolvimento do amor e da compaixão contêm muitos conselhos sobre como transformar falsas acusações e abusos em meios de aprofundar a nossa prática do Dharma. Evidentemente, esse não é um problema exclusivo da nossa época.

No clima social de hoje, somos tentados a pensar em termos de algum tipo de regulamentação, tal como permitir que apenas professores certificados ensinem e exigir que cumpram um código de conduta profissional. Mencionei isso antes ao discutir o papel do diretor ou guia espiritual. Dado que o termo *professor budista* abrange uma gama de funções e não há autoridade abrangente dentro do universo budista, ou mesmo em todos os países budistas, é difícil ver como algo do tipo poderia acontecer. E se acontecesse, que tipo de pessoa acabaria tomando as decisões? Toda a questão política envolvida em um projeto como esse poderia ser terrível!

Penso que o caminho a seguir é educar as pessoas nos moldes que delineei neste livro e que, espero, contribua para esse processo. Com as informações corretas, as pessoas podem aprender a assumir a responsabilidade por suas próprias escolhas, descobrir por si mesmas que tipo de professor budista precisam e como avaliar se um professor é genuíno ou confiável. Ao longo da história do mundo (e o budismo não é exceção), sempre houve fraudes, corrupção, abuso, engano, ciúme, falsas acusações e assim por diante. Nossa única proteção contra isso é fazer o melhor para estarmos bem informados e usar nosso julgamento. Para isso, precisamos ser capazes de confiar na nossa capacidade de julgar por nós mesmos. Isso é difícil para aqueles que têm baixa autoestima e para aqueles que são facilmente levados por outras pessoas. Esses são mais propensos a avaliar mal as situações do que a maioria, expondo-se a abusos, e seria melhor que fizessem algum trabalho consigo mesmos antes de buscar um mestre espiritual.

Alguns professores espirituais estão mais bem equipados do que outros para lidar com alunos emocionalmente perturbados e imaturos. Nem todo professor escolhe usar seu tempo para cuidar desses alunos, e não há nenhuma razão para que devam. Cabe aos professores escolher quem estão dispostos a ensinar e quando. Isso pode não ser politicamente correto ou estar em conformidade com a lei da caridade, por isso os professores hoje em dia devem ser cuidadosos quanto a como fazem as coisas. No entanto, não há nada que os obrigue a aceitar esses alunos se não quiserem. Existem muitas histórias na tradição budista de alunos que fazem de tudo para serem aceitos por seus professores. A história de Milarepa é um bom exemplo.

Os professores que assumem o papel de dar direção ou orientação espiritual poderiam pensar em obter alguma forma de treinamento profissional nas várias profissões de ajuda, tais como aconselhamento psicológico, cuidado pastoral e terapias. É bom também estar preparado para ser capaz de reconhecer os sinais de doença mental.

Para todos no caminho espiritual, existem muitos estágios, armadilhas, desvios e dificuldades — incluindo falsos professores. Precisamos agir com calma e cuidado ao pensar em nos comprometer com um determinado professor ou com uma sangha. Podemos nos sentir muito atraídos por um professor ou por uma sangha, mas isso não significa que o relacionamento vá durar. Por outro lado, observo que, embora tenha tomado todas as decisões importantes sobre quem seguir no meu caminho de modo muito rápido, me sinto satisfeita com minhas escolhas. Não tenho certeza se levar mais tempo para decidir teria me ajudado. Poderia ter apenas me confundido mais.

No fim, fazemos o que fazemos, cometemos os erros que cometemos e o melhor que podemos fazer é aprender com eles. Nem sempre fica claro o que temos para aprender com algumas situações, mas acredito que sempre há alguma coisa, nem que seja para entender como tais situações surgem, como podemos trabalhar com elas e como ajudar os outros a fazerem o mesmo. Estamos sempre em uma posição privilegiada para ajudar os outros nas áreas em que compartilhamos experiências semelhantes.

Por mais que nossos professores procurem tornar as coisas mais fáceis para nós, eles não podem nos dar tudo na mão para sempre. Precisamos aprender a cuidar de nós e a ser responsáveis por nós mesmos, bem como permanecer abertos e respeitosos com nossos professores e com todo o processo de transmissão. Autoengano, teimosia, persistir em nossas opiniões, obstinação, orgulho, medo, ciúme, competitividade, atitude defensiva e coisas do tipo, tudo isso atrapalha o processo. Temos que aprender a nos desprender de tudo, por mais doloroso que pareça no momento. Se nosso professor não nos ensinar isso, a própria vida nos ensinará.

Claro, as coisas podem acabar seguindo por um caminho errado. Abusos cometidos por professores acontecem. Então, quero reiterar que quando está acontecendo uma coisa evidentemente errada e as pessoas precisam de proteção, não é errado falar e fazer o que for possível para corrigir a situação.*

---

* Ver "O que significa quebra de samaya?" p. 198; e "É errado criticar o professor?" p. 202.

OS LAMAS DEVERIAM TER FEITO UM RETIRO DE TRÊS ANOS?

Muitas vezes, é regra em certos centros tibetanos do Dharma, ou sanghas, que os lamas façam um retiro de três anos. Isso é apenas um costume, não uma regra geral.

No Tibete, tornou-se um costume (há relativamente pouco tempo, acredito) que aqueles que faziam retiro praticassem juntos em uma situação de grupo, onde ficavam reclusos por três anos, três meses e três semanas. Para delimitar e proteger a área do retiro, havia uma cerca em torno do local e apenas algumas pessoas tinham permissão para entregar alimentos e suprimentos. Quando saíam do retiro, os praticantes eram obrigados a mostrar sua destreza em gerar calor interno, circum-ambulando o centro de retiro vestidos com um tecido úmido, enquanto todos os aldeões olhavam. A ideia é que o calor interno secaria o tecido quando completassem a circum-ambulação. Isso parecia dar a todos muita confiança de que os retirantes praticaram muito bem, e que o retiro fora um sucesso. No entanto, gerar calor no corpo não é um objetivo espiritual. É difícil medir até que ponto um retiro de três anos fez alguém avançar espiritualmente, pois o fato de uma pessoa ter completado um retiro de três anos não é, em si, uma qualificação para ensinar.

No entanto, tornou-se costume se referir aos que fazem retiro de três anos como lamas. Aqueles que vão ensinar tendem a usar o título, ao passo que os que não ensinam, não o adotam. Uma vez que *guru* ou *lama* significa qualquer pessoa que tenha alunos, mesmo aqueles que não fizeram um retiro de três anos podem ser chamados de gurus ou lamas. Isso muitas vezes é feito por cortesia.

De modo geral, hoje em dia, a combinação de saber que uma pessoa estudou e praticou muito, somado ao fato de ter feito pelo menos três anos em algum tipo de retiro, é considerada qualificação suficiente para que essa pessoa seja chamada de lama. Na minha opinião, faz sentido que uma pessoa cujo professor tenha autorizado a transmitir mahamudra seja chamada de lama ou guru, mesmo que ela não adote um dos termos como título ou não tenha feito um retiro de três anos. Tem havido uma tendência de chamar somente os que fizeram retiros de três anos e que também são monges pelo título de lama. Algumas sanghas ocidentais referem-se aos que fizeram retiro de três anos e não são monges como *ngagpas*.* No entanto, não é necessário ser monge ou ngagpa para ser professor, guru ou lama. Mais uma vez, alguém pode ser um monge ou um ngagpa, mas não necessariamente um professor.

OS TULKUS NÃO SÃO OS GURUS MAIS QUALIFICADOS DO BUDISMO TIBETANO?

Quando vivia na Índia, tive a impressão de que, se alguém não fosse um tulku, não seria classificado como professor. Percebo agora o quanto foi errada essa suposição. O título de tulku é dado a uma pessoa reconhecida por um lama como a reencarnação de um professor falecido. Refiro-me a esta maneira de reconhecer e empossar lamas como o sistema tulku. Ele tem muitas falhas. Como sabemos que os lamas que reconhecem os tulkus estão corretos? Será que eles têm poderes sobrenaturais infalíveis? Consultaram um oráculo? Tiveram visões ou sonhos? Fizeram divinações? Poderia ser qualquer uma dessas coisas. Mesmo que tenham poderes sobrenaturais infalíveis (o que raramente parece ser o caso), como eu saberia? Como indicado anteriormente, poderes sobrenaturais não são o mesmo que infalibilidade. A menos que tenhamos esses

---

* Ver "O que são ngagpas; eles sempre são professores?" p. 219.

poderes, não sabemos por nós mesmos quem mais os possui; portanto, como podemos confiar em um sistema baseado em tal desconhecimento? Isso significa que ele está muito aberto à corrupção, especialmente quando há uma posição de alto escalão em jogo. Muitas pessoas têm interesses conflitantes e, como ninguém é infalível, uma decisão deve ser tomada no escuro. Não descarto a possibilidade de que os lamas reencarnados possam ser e sejam reconhecidos dessa maneira; só sei que o resto de nós fica no escuro, sem saber até que ponto esse reconhecimento é confiável.

Além disso, tenho dúvidas se é uma boa ideia colocar crianças em tronos elevados. Quem detém o poder por trás do trono? Às vezes, os jovens tulkus têm uma vida muito isolada de uma educação normal em uma família, e isso pode ser solitário e difícil. Não tenho certeza se isso não é em si abusivo, mas suspenderei o julgamento a esse respeito. O sistema geralmente produz professores excelentes e notáveis, como Trungpa Rinpoche, mas será que foi por causa da maneira como foram educados, ou apesar dela? Seja qual for a verdade, é evidente que o sistema tulku tem fragilidades, e existem muitas outras maneiras de selecionar candidatos adequados para o treinamento espiritual intensivo.

Como tenho mostrado o tempo todo, professores e gurus podem ser treinados e autorizados de várias maneiras, e definitivamente não há necessidade de pensar que apenas aqueles com o título de tulku se qualificam como professores. Na verdade, Khenpo Tsultrim Gyamtso Rinpoche fez um grande esforço para deixar claro para nós que o fato de alguém ser reconhecido como um tulku não era suficiente para qualificá-lo para ensinar. Eles precisam estudar e praticar para "trazer o tulku para fora", como ele disse. Se não treinam com intensidade suficiente, podem não mostrar todo o seu potencial e podem até se perder um pouco. Em outras palavras, até mesmo os tulkus podem ir para um mau caminho.

OS MONÁSTICOS NÃO TÊM UM STATUS ESPECIAL ENTRE OS PROFESSORES BUDISTAS?

Normalmente, na tradição budista, os principais professores eram monásticos, mas, como Reginald Ray aponta, nem sempre foi assim. Muitos professores ocidentais hoje em dia não são monásticos e, cada vez mais, até mesmo os mais eminentes professores tibetanos estão optando por não ser monásticos. Mesmo assim, o manto monástico e o que ele representa tem um significado em qualquer religião. Ele fala de renúncia, como na vida do Buddha, que ao ver um mendicante foi inspirado a adotar a vida santificada.

Os monásticos, quer vivam em monastérios ou não, têm uma tradição e um estilo de vida especial para proteger. É correto que seja estabelecido algum tipo de protocolo para ajudá-los a manter essa tradição. Tradicionalmente, de acordo com as regras monásticas, monges e monjas são automaticamente diferenciados por antiguidade e status de acordo com o tempo que mantêm seus votos monásticos. Por essa razão, muitas vezes é solicitado que façam uma palestra sobre o Dharma em sinal de respeito e como uma maneira de os alunos se beneficiarem do adhishtana da sua conduta pura. Não tenho certeza de como isso vai funcionar aqui no Ocidente. Aqui, o respeito para com o professor deve ser conquistado e demonstrado, em vez de considerado algo implícito.

Temos a tendência de presumir que os monges tiveram um treinamento monástico rigoroso de algum tipo, que envolveu o cumprimento de certas regras e disciplina. Portanto, é fácil supor que são os mais capazes de representar sua religião como sendo seus praticantes mais bem educados e dedicados. Essa suposição é problemática na tradição budista, porque os monges podem ser muito inexperientes, podem não ser muito bem treinados e podem nem ser necessariamente monges para o resto da vida. Portanto, embora os monásticos desempenhem vários papéis de um professor simplesmente por serem monásticos, não necessariamente são capazes de ensinar o Dharma além de serem seus representantes.

Na cultura tibetana, monges e monjas com seus mantos são chamados de sangha, embora como mahayanistas e vajrayanistas, não há nenhuma razão para colocar os monásticos acima dos outros praticantes em termos da hierarquia espiritual. Quando perguntei sobre isso, disseram-me que o problema é que não existem marcas externas que indiquem um bodhisattva e, consequentemente, a sangha mahayana. Isso quer dizer que, no salão das assembleias, todos os monásticos vestidos em seus mantos tomam seus assentos como representantes da sangha numa posição acima de todos os outros praticantes. Isso ocorre mesmo que todos concordem que, como todos fizeram o voto do bodhisattva, considerado mais elevado do que os votos dos monges, isso realmente não faz muito sentido. Nas sanghas ocidentais, os costumes variam. Algumas sanghas colocam os monásticos sentados em posição mais alta do que todos os outros. Algumas os colocam no mesmo nível, mas na frente, e alguns simplesmente misturam todos. Em outras palavras, tudo está em transição e nem sempre se presume que os monges sejam os professores e os monásticos, não.

Esta é a situação que herdamos de muitos séculos de tibetanos que praticam o budismo Triyana, ou seja, uma tradição budista que pratica simultaneamente o que chama de Hinayana, Mahayana e Vajrayana. A situação pode ser bem complicada e cheia de nuances em termos do que se pode esperar de qualquer mestre monástico ou não monástico. Temos que fazer dessa situação o que pudermos, de uma forma que se adapte às nossas necessidades aqui no Ocidente contemporâneo.

O QUE SÃO OS NGAGPAS? ELES SÃO SEMPRE PROFESSORES?

No budismo tibetano, sempre houve comunidades de praticantes chefes de família com seus próprios professores. Alguns recebem a ordenação de ngagpa. Eles podem usar mantos especiais de ngagpa e se dedicar à prática do mantra. Podem atuar como sacerdotes para as questões de família, desempenhando muitas das funções de um guru.

Nem todos os praticantes vajrayana possuem a ordenação especial de ngagpa. No entanto, quando Rigdzin Shikpo e eu tentamos conhecer mais sobre a ordenação com Sua Santidade Dilgo Khyentse Rinpoche, ele fez um ritual tornando-nos ngagpas, e disse que devíamos continuar praticando mais ou menos como já fazíamos. Ele nem nos disse que deveríamos usar os mantos de um ngagpa. Achamos isso um tanto intrigante, e quando perguntei a Khenpo Tsultrim Gyamtso Rinpoche a esse respeito, ele disse que havia tantas tradições ngagpa diferentes no Tibete, cada uma com suas próprias regras, que não valia a pena me preocupar com isso. Então, era isso, na opinião dele. Os leitores precisam descobrir por si mesmos o que qualquer comunidade ngagpa em particular pensa a respeito de si mesma.

O QUE SIGNIFICA SUCESSOR, REGENTE E DETENTOR DA LINHAGEM?

Sucessor do Dharma e Regente do Dharma estão entre os vários títulos que foram adotados pelos lamas ao transmitirem seu papel de liderar sua comunidade sangha. São termos da língua inglesa, então muitas vezes ficamos tentando adivinhar que termo original possivelmente estão traduzindo. Esses termos significam que um lama nomeou alguém para substituí-

-los, então acho que é uma tradução de *kutsab*, o que significa exatamente isso — uma forma honorífica de se referir a um substituto. No uso normal do inglês, um regente representa um monarca menor de idade ou, de alguma maneira, rebelde. Como um termo para alguém que substitui um lama, ele não carrega nenhum nível específico de realização espiritual. É mais um reflexo da conexão samaya e da confiança que o lama tem em seu representante, sucessor ou "regente". Às vezes, um lama pode falar em termos de capacitar seu sucessor como detentor da linhagem. Isso pode simplesmente significar que ele o autorizou a assumir sua função de chefiar sua comunidade sangha (pode significar *empowering* em inglês — em português, autorizar, empoderar). Por outro lado, pode significar que ele foi espiritualmente empoderado por meio de algum tipo de ritual de abhisheka, em reconhecimento pelo seu nível de realização espiritual. Isso seria altamente significativo para a linhagem como um todo, e não somente para a comunidade sangha que ele estaria liderando a partir de então. Na verdade, esse empoderamento pode ser dado a vários alunos e pode levá-los a formar suas próprias comunidades sangha. Foi assim que surgiram as quatro grandes linhagens Kagyu e as oito linhagens Kagyu menores dos principais discípulos de Gampopa.

Em geral, quando um sucessor é nomeado para assumir a função de manter a sangha unida, outros alunos sêniores o apoiam nesse papel, mas isso não significa que o consideram seu diretor ou guia espiritual, ou que seus próprios alunos sejam obrigados a fazê-lo. As mandalas das sanghas e as linhagens se dividem muito naturalmente em submandalas, cada uma carregando a linhagem por meio de seu próprio processo de sucessão. Comunidade sangha e linhagem não são a mesma coisa. Cada comunidade sangha carrega a linhagem ou as linhagens de seus gurus.

Uma coisa é apoiar uma pessoa que é bem-sucedida no papel de manter a sangha unida, mas outra coisa é tomá-la como seu diretor ou guia espiritual principal. É problemático esperar que os alunos de um professor o troquem por um sucessor, como se o sucessor ocupasse o lugar do professor original em todos os aspectos. No entanto, a maioria das sanghas e instituições budistas tendem a pensar em termos de uma pessoa que sucederá o lama fundador, e se esse lama não deixou claro o processo de sucessão, é possível que haja um período de instabilidade quando ele morrer.

O QUE SIGNIFICA SER UM RINPOCHE?

Rinpoche significa "precioso". Pode-se aplicar o termo de forma imprecisa a qualquer pessoa ou coisa considerada preciosa, no sentido de ter um adhishtana poderoso. É um título conferido aos lamas, como um sinal de sua antiguidade e merecimento, por seus mestres e/ou alunos. É aplicado automaticamente àqueles que são reconhecidos como tulkus, mesmo quando ainda são crianças. Os chefes institucionais das linhagens ou comunidades podem decidir conferir o título de Rinpoche a seus discípulos mais proeminentes, como um meio de aumentar seu status e sua visibilidade. Nas assembleias, aqueles com o título de Rinpoche recebem assentos especiais ou tronos, e são servidos primeiro antes do restante da assembleia, mesmo que não sejam monásticos. O título não indica nenhuma qualificação ou nível de treinamento específico, embora se presuma que qualquer pessoa com o título seja, de fato, qualificada de alguma forma digna de respeito. Idealmente, é o sinal de que a pessoa é um praticante realizado e exemplar, mas como não existe um mecanismo de controle de qualidade, temos que tirar nossas próprias conclusões, de qualquer modo.

Quem quer que seja considerado altamente realizado pode ser chamado de Rinpoche, embora essas pessoas nem sempre recebam oficialmente esse título ou necessariamente o adotem. Outro termo relacionado é *tsa chenpo*, que carrega conotações de ser altamente realizado e/ou dotado de poderoso adhishtana. Não é usado como um título, mas sempre se pode perguntar quais lamas são mais "tsa chenpo" do que outros.*

O QUE SIGNIFICA O TÍTULO DE SUA SANTIDADE?

O título de Sua Santidade foi adotado pelos tibetanos quando entraram em contato com a igreja cristã. A fim de comunicar o alto status concedido aos chefes institucionais de suas linhagens, eles passaram a se referir a eles como Sua Santidade ou Eminência, seja para homem ou mulher. "Sua Eminência" foi adotado pelos quatro alunos tulkus de Sua Santidade o XVI Karmapa para indicar que eles tinham um status inferior ao dele.

PODEMOS CONSIDERAR TODOS OS SERES COMO NOSSOS GURUS?

Poderíamos adotar a visão mahayana de que devemos tratar todos aqueles com quem nos deparamos com o respeito devido a um bodhisattva, pois um bodhisattva pode se manifestar em qualquer aspecto. Em outras palavras, podemos considerar todos como nossos professores ou amigos espirituais. Dentro desse espírito, alguns tibetanos colocam Mao Zedong sobre a cabeça, pensando: "Ele é meu inimigo, me ensinou o perdão e a paciência, então ele também é meu mestre". O pensamento é

---

* Para obter mais informações sobre *tsa chenpo*, ver a p. 156.

que, para um bodhisattva, é possível sentir amor e compaixão até mesmo por alguém que o prejudica.

Em dado momento, me vi expressando isso assim: "Simplesmente não há nenhuma categoria no budismo de 'Este não é meu lama'", e quando disse isso a um tibetano, ele riu e disse: "É verdade! É verdade!". Isso ocorre porque todo ser senciente pode ser nosso lama se pudermos ver a sua natureza búdica. Podemos fazer reverência à natureza búdica do nosso inimigo ou de qualquer ser humano, e até mesmo dos animais. Quem sabe, talvez eles sejam bodhisattvas!

À medida que nossa capacidade de ouvir para receber sabedoria se abre, o guru está em toda parte. Por fim, quando realizarmos a verdadeira natureza da mente, o mundo todo — tudo o que se manifesta — se torna nosso guru, porque tudo é uma manifestação da verdadeira natureza da realidade, a bodhichitta. Isso é chamado de a grande equanimidade.

É VERDADE QUE QUANDO O ALUNO ESTÁ PRONTO, O PROFESSOR APARECE?

É possível que você já tenha ouvido dizer que quando o aluno estiver pronto, o professor vai aparecer.

Se permanecermos fortemente alinhados com o desejo mais profundo do nosso coração, o Dharma nos encontrará e desenvolveremos alguma noção do que fazer e para onde ir. Isso é chamado de conexões auspiciosas (tendrel). Tendrel são as verdadeiras conexões entre os seres que nos ligam ao passado, ao futuro e uns aos outros. São as conexões que reúnem todas as condições necessárias para a prática do Dharma e vão de uma vida para a outra. Quando fazemos aspirações, estamos criando tendrel para o futuro. É por meio dessas conexões que o guru aparecerá para nós quando as condições forem adequadas. Tudo se resume à nossa sinceridade e à nossa fé que permitem que um caminho se abra para nós, ligando nosso coração à verdade — o verdadeiro guru.

CONSELHOS FINAIS

Meu conselho final para quem procura um mestre no budismo é que considere profundamente o que eu disse sobre o princípio do guru. Já temos a sabedoria interior que estamos buscando, portanto, podemos usá-la para buscar uma linhagem de transmissão genuína e avaliar que papel desejamos que um professor desempenhe para nós e quando.

Devido às nossas conexões cármicas e aos nossos obscurecimentos, podemos cometer erros, mas os erros são oportunidades importantes de aprendizado.

É importante ter diferentes tipos de abordagem. Considere todos que o ajudam ao longo do caminho como seu professor — ou seja, como o guru, em princípio. Precisamos dos outros para nos ensinar, mas é por meio do nosso guru interior que aprendemos. Até mesmo um professor que acaba não sendo tudo o que pensávamos que fosse nos ensina algo e é o guru, em princípio.

Embora nossa conexão (samaya) com o professor seja muito importante, descobrir-se incapaz de seguir o que o professor diz não é quebra de samaya, nem é um crime de algum tipo ou necessariamente um engano. Se concordarmos com isso, então a escolha é nossa, e é essencial que lembremos disso. Somos um agente livre e devemos ser se quisermos seguir o caminho para a liberdade.

Por fim, é importante sempre lembrar que a dádiva do Dharma é a maior de todas as dádivas, e tudo o que um professor consente em nos ensinar é uma dádiva. Não temos o direito de exigir nenhuma ajuda específica do nosso professor de Dharma. O professor também é um agente livre e precisa ser para nos ensinar.

Meu conselho às sanghas do Ocidente em relação à sua herança budista, seja tibetana ou qualquer outra, é ter discernimento. Se estamos construindo uma sangha em torno de professores de outra cultura — como um lama tibetano —, nossa única opção é seguir os exemplos deles. Se eles falam inglês, talvez achem útil o que exponho neste livro, visto que podem não ter percebido que muitas coisas que consideram óbvias não são óbvias para os alunos vindos de uma cultura tão diferente da deles. Da mesma forma, espero que o que eu disse neste livro ajude seus alunos a entenderem de onde os professores estão vindo e porque estão dizendo o que dizem.

Se formos uma sangha com uma visão ética e valores estabelecidos pelos ocidentais alinhados com a tradição budista, temos mais espaço de manobra. Levando em consideração os diferentes papéis de um professor que descrevo neste livro, podemos descobrir que papel desejamos pedir que os lamas tradicionais desempenhem para nós e chegar a um entendimento mútuo quanto à natureza da nossa relação com eles.

Espero que, com o tempo, possamos nos ver formando uma rede de sanghas que se apoiam mutuamente, tanto no Oriente quanto no Ocidente, para promover firmemente a transmissão do autêntico Dharma neste mundo para as gerações futuras.

Conversas com Lama Shenpen

No decorrer desse livro, Lama Shenpen Hookham discorre sobre as diferentes conotações que as palavras guru, lama, mestre e professor adquiriram a partir do momento em que a tradição budista começou a se consolidar no Ocidente. Ela discute esses termos com base nas traduções de textos budistas feitos para a língua inglesa com as conotações que esses termos têm para os praticantes de Dharma que falam inglês.

Quando comecei a tradução do livro para o português, fiquei curiosa em saber se em países latinos as mesmas conotações eram válidas. A começar por mim mesma, muitas vezes me via querendo traduzir a palavra *teacher* (professor) como "mestre", especialmente quando o texto sugeria ser alguém com grande poder de realização. Porém, ao perceber que a autora usava o termo "professor" em todos os casos, comuniquei-me com ela para discutir algumas passagens, perguntando se seria adequado usar a palavra mestre de modo intercambiável com professor quando parecesse apropriado. Qual não foi a minha alegria de receber prontamente uma resposta da Lama Shenpen sobre essa questão!

Lama Shenpen disse não saber se as conotações da palavra em português eram as mesmas que em inglês. A seu ver, os estudantes de budismo se sentem confortáveis em chamar seus professores de "mestre" ou "mestre espiritual", porém, segundo ela, "tenho a impressão de que pode soar bastante exótico hoje. Ao se referir a um professor siddha vajrayana, muitos estudantes que falam inglês sentem que 'mestre' soa bem. No entanto, a palavra professor é mais geral, não apresenta controvérsias e cobre toda uma gama de competências."

Quanto à palavra "guru", Lama Shenpen afirma soar muito mais grandiosa do que professor ou mestre: "Não sei como 'guru' funciona em português. Acho importante usá-lo, porque nos textos e no contexto cultural budista 'guru' é um termo bem central. Estou descobrindo que, embora 'lama' seja a tradução correspondente em tibetano, no mundo de língua inglesa 'lama' tem conotações um pouco diferentes de guru. Parece ser um título para um papel eclesiástico específico — um pouco como um padre ou abade ou mesmo monge ou monja —, embora tudo seja um pouco vago... Mas 'guru' pode parecer pretensioso de alguma forma, e não me considero como tal — o que pode não ser o caso no universo da língua portuguesa."

Com base nessa conversa, decidi manter o termo "professor" em todos os casos que a autora o usasse, assim como a palavra "mestre", pois entendi que era importante mantê-los para retratar fidedignamente suas reflexões, clarificar e delimitar muitos níveis de conotações e interpretações.

Alguns dias depois, Lama Shenpen me enviou uma busca que fez no dicionário Chambers, de inglês, sobre esses termos e seus usos. Fiz o mesmo em português, usando o Dicionário Houaiss, e comparo essas definições abaixo.

Em inglês, *professor* é definido como "alguém que transmite conhecimento ou orientação". Para Lama Shenpen, essa é uma definição "muito geral e sem dúvida um tanto mundana, embora não ache que isso seja particularmente verdadeiro — o contexto determina o quão grandioso ou comum o termo pode soar". Em português, para minha surpresa, a primeira definição de *professor,* segundo o Houaiss, é "aquele que professa uma crença, uma religião" e apenas em segundo lugar, o mesmo sentido de "transmitir conhecimento ou dar aulas sobre determinado assunto", ou em sentido figurativo, "indivíduo muito versado ou perito em alguma coisa". Em inglês, *mestre* sugere "domínio, poder, controle, liderança e alto nível de habilidade". Em português, "pessoa dotada de excepcional saber, competência, talento em qualquer ciência ou arte", como também "pessoa que ensina, dá aulas em estabelecimento escolar ou obteve grau de mestrado", definição essa que se aproxima do sentido de professor.

Em inglês, *guru* é definido como "um professor espiritual", e, segundo Lama Shenpen, "é muitas vezes usado de maneira jocosa, brincando com alguém que demonstra uma noção exagerada de sua própria importância. Pode ser usado por um instrutor reverenciado — o quão respeitoso o termo pode soar, novamente depende do contexto." Em português, o Houaiss define a palavra *guru* como "mestre espiritual e religioso no hinduísmo; líder carismático, mestre influente, mentor respeitado; pessoa com sabedoria e capacidade de orientar ou aconselhar pessoas em determinado assunto".

Por fim, a palavra *lama* implica em "algum tipo de status eclesiástico, como um sacerdote, monge ou professor budista de algum tipo". Segundo Lama Shenpen "é até usado, especialmente na Índia, para se referir a qualquer tibetano e especialmente a qualquer pessoa vestida em mantos de aparência eclesiástica (mesmo que seja apenas a vestimenta de uma pessoa leiga)". Em português, o Houaiss oferece poucas definições, apresenta a etimologia do termo (em tibetano, *blama*), definindo *lama* como "sacerdote budista no Tibete ou na Mongólia".

As nuances desses termos são múltiplas e parecem depender de diferentes contextos. Enquanto caminhava pela incrível jornada de traduzir esse livro, muitas vezes perguntei aos meus companheiros de Dharma como é que eles se referiam a seus professores, buscando entender como esses termos são correntemente usados entre nós, praticantes brasileiros. Não temos respostas prontas. Temos muito o que considerar e refletir. Penso que esse livro é de grande importância para que todo praticante budista possa conhecer as conotações implícitas ou explícitas desses termos em sua própria língua. Que todos possam se beneficiar e expandir seu conhecimento!

Paula Rozin,
São Paulo, dezembro de 2021.

Bibliografia

Berzin, Alexander. *Wise Teacher, Wise Student: Tibetan Approaches to a Healthy Relationship.* Boulder: Snow Lion, 2010.

Cleary, Thomas, trans. *The Flower Ornament Scripture: Translation of the Avatamsaka Sutra.* Boulder: Shambhala Publications, 1993.

Gampopa. *Jewel Ornament of Liberation.* Traduzido por Konchog Gyaltsen. Boulder: Snow Lion, 1998.

Hookham, Shenpen. "Spiritual Authority: A Buddhist Perspective." *Buddhist-Christian Studies Journal* 30 (2010): 121–32.

———. "In Search of the Guru." *Sharpham Miscellany: Essays in Spirituality and Ecology.* Totnes: The Sharpham Trust, 1992.

———. "Keeping the Dalai Lama Waiting." *Keeping the Dalai Lama Waiting and Other Stories.* Criccieth, UK: Shrimala Publishing, 2020.

Kongtrul Lodrö Tayé, Jamgön. *The Teacher-Student Relationship.* Translated by Ron Garry. Boulder: Snow Lion, 1999.

Masefield, Peter. *Divine Revelation in Pali Buddhism.* Sri Lanka: The Sri Lanka Institute of Traditional Studies, 1998.

Samuel, Geoffrey. *Civilized Shamans: Buddhism in Tibetan Societies.* Washington, DC: Smithsonian Institution Press, 1993.

Shikpo, Rigdzin. "The Highest Maha Ati Teachings of Chögyam Trungpa Rinpoche in Great Britain." In *Recalling Chögyam Trungpa*, edited by Fabrice Midal. Boulder: Shambhala Publications, 2004.

Subhuti, Dharmachari. *Buddhism and Friendship.* Cambridge: Windhorse Publications, 2004.

Thondup, Tulku. *Masters of Meditation and Miracles: Lives of the Great Buddhist Masters of India and Tibet.* Boulder: Shambhala Publications, 1999.

Em português

Jamgon Mipham, *O Lótus Branco: uma explicação da Oração de Sete Linhas ao Guru Padmasambava*. Tradução de Marcelo Nicolodi, Editora Lúcida Letra, Teresópolis, 2014.

Patrul Rinpoche. *As palavras do meu professor perfeito*. Traduzido pelo Grupo de Tradução Padmakara, Editora Makara, 2008.

Trungpa, Chögyam. *Além do materialismo espiritual*. Editora Lúcida Letra, Teresópolis, 2016.

Escrituras Canônicas

Bhārasutta (*Sutta do Fardo*), Samyutta Nikaya 22.22. Em português, https://www.acessoaoinsight.net/sutta/SNXXII.22.php

Caṅkīsutta, Majjhima Nikāya 95 (M.ii.164) Em português, https://www.acessoaoinsight.net/sutta/MN95.php

Kesamuttisutta, Aṅguttara Nikāya 3.65. Em português, https://www.acessoaoinsight.net/sutta/ANIII.65.php

Sobre a autora

Lama Shenpen nasceu como Susan Kathryn Rowan em Essex, Inglaterra, em 1946. Conheceu o budismo enquanto estudava geografia e sociologia na *Reading University*, onde se tornou secretária da *University Buddhist Society* e teve seus primeiros encontros com Sangharakshita, Chögyam Trungpa Rinpoche e outros professores. Desde então, passou mais de doze anos em retiro e tem mais de cinquenta anos de experiência estudando, praticando e ensinando as tradições Mahamudra e Dzogchen.

Lama Shenpen viveu cinco anos e meio na Índia, após ser enviada para lá por Trungpa Rinpoche no início da década de 1970, onde foi ordenada monja pelo XVI Karmapa. Posteriormente, o Karmapa a mandou de volta para o Ocidente para ensinar, onde conheceu seu professor principal, Khenpo Tsultrim Gyamtso Rinpoche, um dos principais mestres vivos da tradição Kagyu do budismo tibetano. Passou a ser sua aluna desde o fim dos anos 1970, e ele a autorizou a ensinar Mahamudra. Escreveu histórias dos encontros que teve com os grandes professores tibetanos do século passado no livro *Keeping the Dalai Lama waiting* [Mantendo o Dalai Lama à espera], publicado pela Shrimala Publishing, em 2020.

Fez um estudo muito importante das doutrinas profundas sobre a natureza búdica do budismo Mahayana, para o qual lhe foi outorgado o doutorado pela Universidade de Oxford. O estudo foi publicado pela SUNY Press em 1991, com o título *The Buddha within* [O Buddha interior].

É também autora de *There's more to dying than death* [Morrer é mais do que a morte], publicado pela Windhorse Publications em 2006, além de tradutora e editora da obra inspiradora de Khenpo Tsultrim Gyamtso Rinpoche, *Progressive stages of meditation on emptiness* [Estágios progressivos da meditação sobre a vacuidade].

Seguindo o conselho do professor de todos os seus professores, Dilgo Khyentse Rinpoche, Lama Shenpen Hookham fundou o centro de retiro chamado Hermitage of the Awakened Heart, situado no noroeste do País de Gales, onde passa a maior parte do tempo em semirretiro, trabalhando com seus alunos e escrevendo.

O selo eureciclo faz a compensação ambiental das embalagens usadas pela Editora Lúcida Letra.

Que muitos seres sejam beneficiados.

Para mais informações sobre lançamentos da Lúcida Letra, cadastre-se em www.lucidaletra.com.br

Este livro foi impresso em julho de 2023, na gráfica da Editora Vozes, em papel Avena 80g, com as fontes Garamond Premiere Pro e Chronicle Display.